Regina B. und Rolf B. Baumeister (Hrsg.)

dBASE III Software Training

— **Anwender-Software** —————————

Multiplan Software Training
herausgegeben von Regina B. und Rolf B. Baumeister

Word Software Training
herausgegeben von Regina B. und Rolf B. Baumeister

Chart Software Training
herausgegeben von Regina B. und Rolf B. Baumeister

dBASE III Software Training
herausgegeben von Regina B. und Rolf B. Baumeister

Windows Software Training
herausgegeben von Regina B. und Rolf B. Baumeister

dBASE III — Eine anwenderorientierte Einführung
von Robert A. Byers — ein Ashton·Tate/Vieweg-Buch

Aufbau und Struktur einer Datenbank mit dBASE II
von Ron Freshman — Ein Ashton·Tate/Vieweg-Buch

Einführung in die Anwendung von Framework II
von Bill Harrison — Ein Ashton·Tate/Vieweg-Buch

Programmieren mit Framework II
von der Forefront Corporation — Ein Ashton·Tate/Vieweg-Buch

Professionelle Programmentwicklung mit Framework II
von der Forefront Corporation und Bill Kling —
Ein Ashton·Tate/Vieweg-Buch

— **Vieweg** —————————

Regina B. und Rolf B. Baumeister (Hrsg.)

dBASE III Software Training

Bearbeitet von Jürgen Schaumann

Friedr. Vieweg & Sohn   Braunschweig / Wiesbaden

Das in diesem Buch enthaltene Programm-Material ist mit keiner Verpflichtung oder Garantie irgendeiner Art verbunden. Der Autor, die Herausgeber und der Verlag übernehmen infolgedessen keine Verantwortung und werden keine daraus folgende oder sonstige Haftung übernehmen, die auf irgendeine Art aus der Benutzung dieses Programm-Materials oder Teilen davon entsteht.

ISBN-13: 978-3-528-04424-4   e-ISBN-13: 978-3-322-83866-7

DOI: 10.1007/ 978-3-322-83866-7

Inhaltsverzeichnis

Vorbemerkung

Wiederum ist es gelungen, ein Anfängerbuch zu einem der führenden Software-Pakete im PC-Bereich vorzulegen.

dBASE III ist das am weitesten verbreitete Datenbankprogramm für den IBM PC und Kompatible unter MS-DOS.

Das Buch wurde konzipiert, um einem Anfänger die notwendigen Grundlagen im Umgang mit dBASE III zu vermitteln. Auch wenn es mittlerweile dBASE III PLUS gibt, so behält das Buch doch seine Aktualität, denn es beschreibt den Einsatz von dBASE III in dem Maße, in dem es mit dBASE III PLUS verträglich ist. So können der dBASE III-Besitzer und der dBASE III PLUS-Besitzer gleichermaßen mit dem Buch arbeiten. Die wesentlichen Unterschiede werden erst für den fortgeschrittenen Benutzer bedeutungsvoll.

Viel Spaß beim Arbeiten mit dem dBASE III Software Training!

Wiesbaden, im September 1986

1 Grundlagen: Datenbanken und dBASE III

In diesem Kapitel sollen die globalen Aspekte eines Datenbanksystems angesprochen werden:

1. Was ist ein Datenbanksystem und wozu dient es?

2. Wie läßt sich ein solches System anwenden?

3. Das Datenbanksystem als Basis für die Entwicklung von speziellen Anwendungen.

1.1 Installationshinweise

Voraussetzung für den Einsatz von dBASE III auf Ihrem
Personalcomputer sind entweder zwei Diskettenlaufwerke oder ein
Diskettenlaufwerk und ein Festplattenlaufwerk.

Das dBASE III-System befindet sich auf einer Diskette und belegt etwa
330 KB, d. h. bei einer maximalen Diskettenkapazität von 360 KB,
entfällt diese Diskette für die Datenspeicherung.

Für die Benutzung von dBASE III bei einem System mit nur zwei
Diskettenlaufwerken ergibt sich die Vorgehensweise:

(1)   Starten mit der Betriebssystemdiskette; auf
        dieser Diskette sollte sich außerdem die Datei
        CONFIG.SYS befinden, um das System für den
        Einsatz von dBASE III optimal zu konfigurieren.
        (siehe hierzu auch Paragraph 8.6)

(2)   Betriebssystemdiskette aus Laufwerk A nehmen
        und die **dBASE III-Systemdiskette** in A einlegen;
        außerdem sollte sich in Laufwerk B eine Diskette
        befinden, auf der die gewünschten Daten
        gespeichert werden

(3)   Starten Sie dBASE III mit dem Befehl: **DBASE**

        Nachdem sich dBASE III gemeldet hat, geben Sie
        einen **dBASE III-Befehl** ein, der bewirkt, daß das
        Laufwerk B als Standardlaufwerk gesetzt wird:
        SET DEFAULT TO B:

Falls Sie ein System mit Festplattenlaufwerk und Diskettenlaufwerk
einsetzen, muß am Anfang dBASE III auf der Festplatte installiert
werden. dBASE III ist kopiergeschützt und läßt sich daher nicht
funktionsfähig mit dem **COPY-Befehl** des Betriebssystems von
Diskettenlaufwerk A auf das Festplattenlaufwerk C übertragen. Auf der
dBASE III-Systemdiskette befindet sich daher eine Installationsprozedur.

Der Aufruf der Prozedur erfolgt vom Laufwerk A mit:

INSTALL C:

Nach einem kurzen Dialog erfolgt die Installation auf dem
Festplattenlaufwerk. Das System läßt sich dann vom Laufwerk C mit dem
Befehl

DBASE

starten.

Die folgenden Punkte sollte man jedoch beachten:

- MS-DOS ab Version 2.0 ermöglicht das Anlegen
  von Unterverzeichnissen oder
  Subdirectories. Es ist sinnvoll, dBASE III in
  einer eigenen Subdirectory zu installieren.

- Auf der dBASE III-Systemdiskette 1 befinden
  sich zwei Angaben:

Angabe 1 besagt wie oft dBASE III installiert werden
  darf, dieser maximale Installationszähler ist
  normalerweise 1.

Angabe 2 zeigt an, wie oft dBASE III von dieser
  Diskette bereits installiert wurde. Vor dem
  ersten Starten von INSTALL ist dieser Zähler
  auf 0 gesetzt. Während der Installation wird
  er auf 1 gesetzt, eine weitere Installation
  ist nicht möglich.

- Soll einmal die dBASE-Installation von der
  Festplatte genommen werden, so starten Sie die
  mitgelieferte Prozedur vom Laufwerk A mit

UNINSTALL C:

Hiermit wird das funktionsfähige dBASE III-System vom
Festplattenlaufwerk genommen und der Installationszähler wieder auf 0
gesetzt.

1.2 Datenbanksysteme auf Personalcomputern

Seit 1980, dem Auftreten der Firma IBM auf dem Personalcomputer-
markt, hat der Verbreitungsgrad der Mikrocomputer sprunghaft
zugenommen. Auch die z. Z. etwa 50 Firmen, die Mikrocomputer mit der
gleichen Systemarchitektur und dem gleichen Betriebssystem, nämlich
MS-DOS, anbieten, sprechen dafür, daß der von der Firma IBM gesetzte
Standard als Industriestandard angesehen wird.

Es ist daher nicht überraschend, daß bei den vielen Installationen auch im
Bereich der Anwendungssysteme ähnliche Standardisierungen vollzogen
werden.

Gerade unter dem Aspekt der vielen eingesetzten Mikrocomputer wird die
Standardisierung zu einer Notwendigkeit.

Es werden bereits Prognosen aufgestellt, die behaupten, daß die Anzahl
der weltweit installierten Mikrocomputer im Jahre 1990 die
Bevölkerungszahl der USA überschreite. Aber auch schon die z. Z.
weltweit über 2 000 000 verkauften Personalcomputer werfen natürlich
die Frage auf, worin der Erfolg dieser neuen Technologie begründet ist.
Diese Technologie ist gekennzeichnet durch:

- leistungsstarke Prozessoren und interne Speicher, die die 64 K-
  Grenze seit längerer Zeit und seit kurzem auch die 640 K-Grenze
  überschreiten;

- zuverlässige und preiswerte externe Speicher wie Floppy-Disk
  (z. B. 5 1/4 Zoll mit 360 KB) oder Winchesterplatten mit 10 MB
  oder mehr;

- leistungsstarke und zuverlässige Betriebssysteme, bei denen ein
  Versionswechsel nicht zu umfangreichen Änderungen in den Anwendungen führt;

- leistungsstarke und preiswerte Anwendungssoftware für allgemeine
  Aufgaben und Branchenlösungen.

Gerade der zuletzt aufgeführte Punkt, nämlich die Anwendungssoftware
für allgemeine Aufgaben, haben zu der großen Verbreitung der
Personalcomputer geführt.

Die folgende Übersicht zeigt die unterschiedlichen Klassen der Anwendungssoftware. In Prozent wurde noch hinzugefügt, wieviel Personalcomputeranwender in den USA 1984 diese Software einsetzen oder besitzen:

Textverarbeitung	(84,0 %)
Tabellenkalkulation	(66,0 %)
Datenbank	(52,0 %)
Weiterbildung/Unterhaltung	(32,2 %)
Kommunikation	(25,3 %)
Grafik	(15,6 %)

Im Anwendungsbereich Textverarbeitung werden die Bearbeitung der Korrespondenz, das Erstellen von Serienbriefen, Handbüchern etc. durch den Personalcomputer erledigt. Als Produkte in diesem Bereich sind unter anderem WORDSTAR, WORD, PC-Text 2 zu nennen.

Der Anwendungsbereich Tabellenkalkulation wird unter anderem durch folgende Produkte dargestellt: MULTIPLAN, LOTUS 1-2-3, SUPERCALC.

Der Einsatz von Datenbanksystemen, hierbei speziell das Produkt dBASE III von Ashton-Tate, ist das Hauptthema dieses Buches. Es wird aber auch der Aspekt Kommunikation insbesondere mit Großsystemen angesprochen.

Aus dem Einsatz der EDV für die Verarbeitung von Zahlen und Formeln wurde im zunehmendem Maße die EDV für das Verwalten von Datenbeständen eingesetzt. Dieses Einsatzgebiet verlangt Softwaresysteme, mit der diese Verwaltung leicht und effektiv durchgeführt werden kann.

Der Entwicklungstrend führte zu den Datenbanksystemen, die verstärkt auch bei Mikrocomputern zum Einsatz kommen. Unter einem Datenbanksystem stellt man sich ein System vor, daß es ermöglicht, Datenmengen zu speichern, nach beliebigen Suchkriterien Daten wiederzufinden und leicht zu ändern.

Zu den häufig auftretenden Funktionen gehört das Lesen einer
bestimmten Information. Bild 1.1 zeigt schematisch die Aufgabe, die
einem Datenbanksystem aus der Sicht eines Anwenders zukommt:

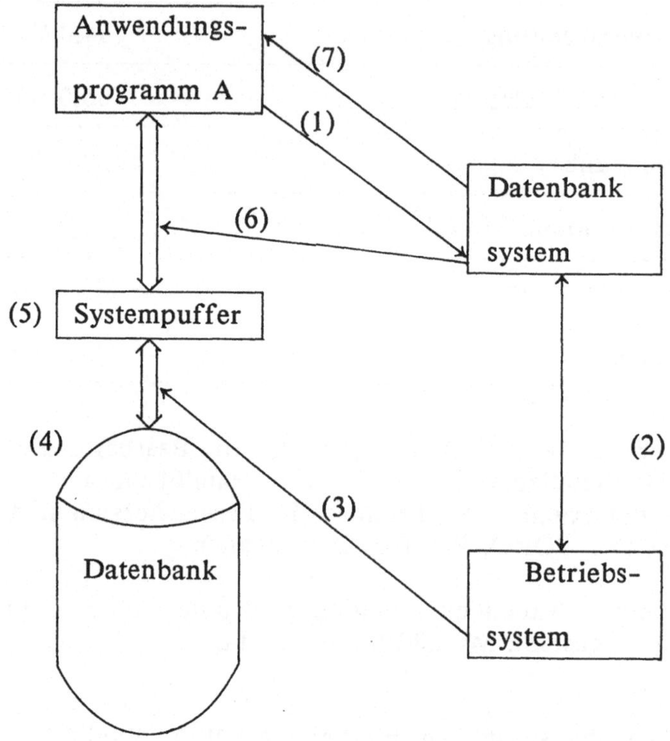

Bild 1.1

1. Von einem Anwendungsprogramm A wird ein Aufruf an das Daten-
    banksystem getätigt, einen bestimmten Satz zu lesen.

2. Das Datenbanksystem wendet sich an das Betriebssystem, den
    entsprechenden Satz zur Verfügung zu stellen.

3. Das Betriebssystem aktiviert den physischen Zugriff auf den
    Speicher, indem die Daten vorgehalten werden.

4. Die angeforderten Daten werden vom Speicher in den System-
   puffer übertragen.

5. Das Datenbanksystem bereitet die Daten so auf, wie sie vom
   Anwender benötigt werden und

6. stellt sie diesem zur Verfügung.

7. Das Datenbanksystem übergibt dem Anwender Statusinformationen wie z. B. "Satz nicht gefunden" und die
   Kontrolle zur weiteren Programmausführung.

In der Datenbanktechnik unterscheidet man drei Ansätze zur
Strukturierung der Daten:

      1. Netzwerkansatz,

      2. hierarchischer Ansatz und

      3. relationaler Ansatz.

Die unterschiedlichen Ansätze sollen an dieser Stelle kurz angesprochen
und erläutert werden.

Der Netzwerkansatz stellt zwischen unterschiedlichen Datentypen
mehrfache Beziehungen dar. Für eine spezielle Anwendung soll die
Beziehung zwischen Lieferanten und den von ihnen gelieferten Artikeln
dargestellt werden; für die beiden Datensatztypen Lieferant und Artikel
mit dem formalen Aufbau

Lieferant	Lieferantendaten wie Anschrift, etc.

Artikel	Artikeldaten wie Artikelnummer, etc.

sollen die folgenden Beziehungen bestehen:

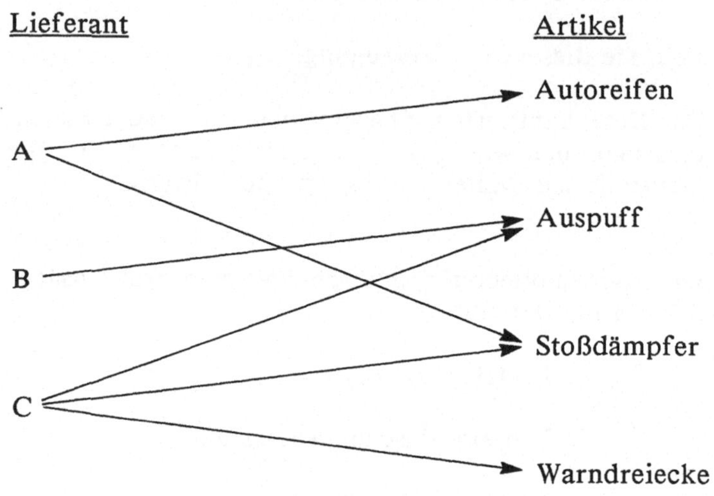

Bild 1.2

Die Beziehungen besagen zum Beispiel:

- Der Lieferant A liefert Autoreifen und Stoßdämpfer.

- Auspuffanlagen werden von den Lieferanten B und C geliefert.

Bei dem Netzwerkansatz ist es desweiteren möglich, die Beziehungen mit
einer Zahlenangabe zu versehen, die in unserem Fall die Liefermenge
darstellen soll:

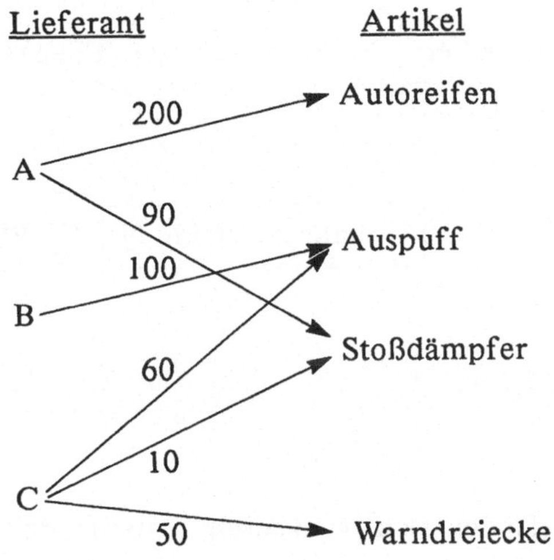

Bild 1.3

Es ist einsichtig, daß durch die Verwendungen unterschiedlicher
Datensatzarten und ihren Beziehungen zueinander die Möglichkeit besteht,
auch komplexe Datenstrukturen abzubilden. Dieser Datenbankansatz wird
unter anderem bei Systemen wie ADABAS oder UDS verwendet.

Das Modell des hierarchischen Datenbankansatzes ist wie folgt
strukturiert:

Zu jedem Datensatz einer Ebene gibt es mehrere Verknüpfungspfade zu
Datensätzen der dieser Ebene direkt untergeordneten Hierarchiestufe. Für
unsere Lieferanten der Automobilindustrie sollen die Mitarbeiterdaten in
einem solchen hierarchischen Datenbankmodell abgebildet werden:

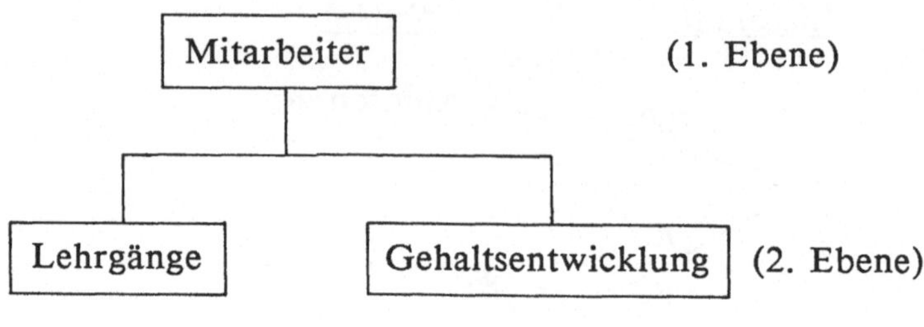

Bild 1.4

Als konkrete Daten befinden sich in unserem Datenmodell:

- der Mitarbeiter Müller, mit den für die Firma relevanten
  Daten wie Anschrift, Geburtsdatum, Eintrittsdatum, etc.;

- die Ausbildungsentwicklung, d. h. die Lehrgänge, die der
  Mitarbeiter Müller besucht hat wie:

      dBASE III in 2/85
      MULTIPLAN in 7/85
      etc.;

- die Gehaltsentwicklung.

Bei den letzten beiden Punkten ist ersichtlich, daß zu einem Mitarbeiter
eine unterschiedliche Anzahl von Lehrgangs- bzw. Gehaltsentwicklungs-
daten benötigt wurden. Der hierarchische Datenbankansatz läßt sich
bezüglich der Anzahl der Hierarchieebenen und der Anzahl unterschiedlicher Datensätze oder Segmente noch erheblich erweitern. Dieser
Datenbankansatz hat ein ähnliches Aussehen wie ein um 180°-gedrehter
Baum; bekannte Datenbanksysteme - IMS und DL/I - sind Vertreter des
hierarchisch gegliederten Aufbaus der Datenbank.

Beiden Strukturen für Datenbanken ist gemein, daß sie überwiegend in der Großrechnerumgebung anzufinden sind und die Datensatz-beziehungen direkt zur Abspeicherung der Informationen gehört. Beim relationalen Ansatz werden die Datenelemente, die logisch zueinander gehören, in einer Tabelle oder Relation organisiert. Die Beziehungen verschiedener Relationen über den Dateninhalt werden von dem Datenbanksystem selbst hergestellt und verwaltet.

Es soll für die Relationen AUTOS und AUTOBES (i. e. Autobesitzer)
eine Beziehung definiert werden:

Die Relation AUTOS besteht aus den folgenden logisch zusammen-
gehörenden Feldern:

- Fabrikat;

- Typ;

- Hubraum;

- PS.

Die dazugehörige Tabelle kann dann so aussehen:

Fabrikat	Typ	Hubraum	PS
BMW	318i	1800	102
BMW	524td	2443	115
Opel	Corsa L	1000	45
VW	Golf CL	1600	75

Die zweite Relation AUTOBES soll den Aufbau haben:

Name	Vorname	Ort	Fabrikat	Type
Schwarz	Peter	Bochum	BMW	318i
Maier	Wolfgang	Düsseldorf	BMW	318i
Bauer	Richard	Köln	Opel	Corsa L
Neumann	Alfred E.	München	BMW	318i

Diese Relation gibt an, welcher Autofahrer welchen Wagentyp fährt. Eine
Beziehung zwischen den Relationen AUTOS und AUTOBES kann nun
über den Feldinhalt der Felder Fabrikat oder Typ aufgebaut werden.

Der relationale Ansatz wird überwiegend bei den Datenbanksystemen auf
Mikrocomputer zugrunde gelegt. Das System dBASE III, aber auch sein
Vorgänger dBASE II, basiert auf dieser Konzeption und bietet daher ein
sehr hohes Maß an Flexibilität und Komfort.

1.3 dBASE III als Anwendungssystem

Durch den angesprochenen Verbreitungsgrad der Mikrocomputer ist die
Datenbankanwendung nicht nur im Bereich der Großindustrie und in
mittelständische Unternehmen anzutreffen, sondern findet auch ihren
Platz bei Kleinunternehmen, Selbstständigen oder gar im privaten Bereich.

Der Verbreitungsgrad macht es aber notwendig, daß das Datenbanksystem
nicht von Spezialisten dem Endanwender unter Berücksichtigung
bestimmter Funktionen verfügbar gemacht wird, vielmehr sucht der
Endanwender den direkten und unmittelbaren Zugang zum
Datenbanksystem. Für den Endanwender ergeben sich an das
Datenbanksystem die Anforderungen:

- leichte Erlernbarkeit;

- einfache Handhabung;

- Unterstützung beim Erlernen und in der Handhabung
  durch das System.

Zur leichten Erlernbarkeit von dBASE III gehören ein deutschsprachiges
Handbuch und Literatur, sowie Fehlermeldungen und Hilfefunktionen.

Lerndisketten mit Beispieldatenbanken und Anwendung erleichtern den
einfachen und problemlosen Einstieg in die Datenbankanwendung.

Der Datenbankeinsatz für den Endanwender stellt sich dann so dar:

- Verwalten der Daten;

- Strukturieren der Daten und Umstrukturieren;

- Speichern, Ändern und Löschen von Daten;

- Wiederfinden der Daten;

- Reihenfolge beliebig ändern;

- Ausgabe von Daten;

- Bereitstellen der Daten für andere PC-Softwarepakete;

- Empfangen von Daten anderer Systeme.

Das Datenverwalten gehört zu den wichtigsten Eigenschaften von dBASE III und läßt sich zu Beginn leicht durch den Assistent-Modus realisieren. In diesem Modus besteht die Möglichkeit, Befehle und Funktion wie z. B. das Wiederfinden der Daten durch das Bewegen des **Cursors** und der **Auswahl** durch die **RETURN-Taste**, ohne die Kenntnis spezieller Anweisungen auszuführen.

Zu den notwendigen Voraussetzungen gehören auch:

- Schulung und Literatur;

- Stabilität des Systems;

- Verbreitungsgrad von dBASE.

Der Aspekt der Stabilität hat im betrieblichen Einsatz eine besondere Bedeutung. Das Datenbanksystem als zentrale Datenspeicherungsstelle wurde bereits angesprochen; desweiteren muß die Korrektheit der Daten garantiert sein und Maßnahmen ermöglichen, bei Hard- oder Softwarefehlern die Daten wieder zu rekonstruieren.

1.4 dBASE III als Entwicklungssystem

Nur in wenigen Anwendungen können sämtliche Daten in einem Programm oder im RAM gespeichert werden. Meistens ist es notwendig, die Daten auf einem externen Speicher z. B. auf Diskette oder auf Festplatte zu organisieren. Diese Organisation und das Verwalten der Daten stellt bei einer herkömmlichen Programmiersprache wie BASIC einen erheblichen Programmieraufwand dar, da spezielle Befehle für das anwenderfreundliche Aufsuchen, Ändern und Löschen meist nicht vorhanden sind.

Desweiteren sollte man aus Gründen der besseren Wartungsmöglichkeit der Programme und Datenbestände die Anwendung so organisieren, daß Programme und Datenbestände weitgehend unabhängig voneinander sind. Stellt sich z. B. nach einer gewissen Zeit heraus, daß in einem bestehenden Datenbestand ein zusätzliches Feld benötigt wird, so ist es bei dBASE III nicht notwendig, die bereits existierenden Auswertungsprogramme, die dieses Feld nicht kennen und nicht benötigen, zu ändern.

dBASE III als Programmierinstrument und Programmiersprache beinhaltet eine integrierte Datenbanksprache für:

- Lesen und Schreiben von Daten;

- Auffinden von Daten;

- Ändern von Daten;

- Löschen von Daten.

Darüber hinaus stellt dBASE III eine vollständige ausgereifte Programmiersprache dar und weist Ähnlichkeiten mit den Programmiersprachen wie BASIC und FORTRAN auf.

Es gibt eine Reihe von Sprachelementen, die es ermöglichen, Anwendungen strukturiert zu realisieren. Beispielhaft sollen an dieser Stelle einige Programmierbausteine für die strukturierte Programmierung vorgestellt werden:

Anweisung	Ausführung
DO WHILE....ENDDO	für den Einbau strukturierter Schleifen
IF...ELSE...ENDIF	die Ausführung von Befehlen wird an eine Bedingung gebunden (zwei Alternativen)
DO CASE	Mehrere Alternativen werden ermöglicht
CASE...	eine der Alternativen; für weitere Anweisung wiederholen
OTHERWISE	alle anderen Fälle, die nicht über eine CASE-Bedingung abgefangen werden

dBASE III-Programme laufen interpretativ ab, und es gibt umfangreiche Testmöglichkeiten, mit denen man schnell formale und logische Programmfehler auffinden kann. Außerdem gehören zum Programmangebot:

- ein Maskengenerator, mit dem am Bildschirm direkt der Bildschirmaufbau festgelegt werden kann. Aus dieser formalen Beschreibung werden automatisch die entsprechenden dBASE III-Anweisungen generiert (dFORMAT);

- ein Reportgenerator, mit dem man schnell und komfortabel eine Ausgabeliste definiert und erhält. Seiten- nummerierung und -steuerung, Zwischensummen etc. werden automatisch vorgenommen;

- ein Programmeditor für das komfortable Erstellen
  und Ändern von Programmen. Dieser Editor hat von der
  Bedienung Ähnlichkeiten mit WORDSTAR; falls ein
  anderer Editor gewünscht wird, läßt sich dieser in
  das dBASE III-Umfeld integrieren (siehe dazu im
  Paragraphen 8.7 die Bedeutung der Datei CONFIG.DB).

1.5 Notation und Terminologie

Um ein Softwarepaket oder eine Programmiersprache auszudrücken, wird eine bestimmte Syntax oder Notation gewählt. Bekannt ist in diesem Zusammenhang die COBOL-Notation für die Programmiersprache COBOL oder die EBFN-Notation für die ALGOL-Sprache.

Die hier gewählte Notation dient dazu, das System dBASE III zu definieren und ist die gleiche, die im dBASE III-Handbuch von Ashton-Tate verwendet wird. Die dBASE III-Notation hat folgende Form:

- Wörter in Großbuchstaben sind reservierte dBASE III-Wörter und bezeichnen einen Befehl, eine Funktion oder eine zusätzliche Option;

- Wörter in Groß-/Kleinschreibung sind Bezeichner oder Ausdrücke wie z. B. Variablennamen, Programmnamen, Datenbanknamen etc.;

- Spitze Klammern <> zeigen an, daß der eingeschlossene Platzhalter für diejenigen Teile des Befehls steht, die Sie durch Ihre eigenen Angaben festlegen;

- Eckige Klammern [] zeigen an, daß die eingeschlossenen Angaben weggelassen werden können; sie sind also optional - d. h. wahlweise - einzugeben;

- Das Zeichen ^ zeigt die **CONTROL-Taste** an. Wenn Sie dieses Zeichen finden, drücken Sie die **CONTROL-Taste** (Aufschrift: CTRL) und halten sie fest, während Sie eine weitere angegebene Taste drücken. U zeigt zum Beispiel an, daß die **CONTROL-Taste** gedrückt bleibt, während man die Taste mit dem Buchstaben U drückt;

- Der Schrägstrich (Slash) / zeigt an, daß zwischen Optionen gewählt werden kann.

Mit dieser Notation soll der **DELETE-Befehl** definiert werden; der **DELETE-Befehl** markiert in der verwendeten Datenbank Sätze, die gelöscht werden sollen.

Syntax: DELETE <Bereich> [FOR/WHILE <Bedingung>]
        (1)   (2)   (3) (4)   (5) (3)

Erläuterung zu der oben aufgeführten Syntax:

1. DELETE ist ein dBASE III-Schlüsselwort und identifiziert den
   Befehl **"Löschen"**

2. Die in spitzen Klammern stehende Angabe **"Bereich"** bedeutet,
   daß die Angabe mit einer zulässigen Spezifikation ausgefüllt
   werden muß, z. B. mit der Angabe "ALL" für den Löschbereich; dies
   entspricht dem gesamten Bereich.

3. Die eckige Klammer bedeutet, daß die eingeschlossenen Angaben
   nicht unbedingt angegeben werden müssen, der bisherige Befehl
   DELETE ALL ist allerdings sehr wirkungsvoll, deshalb folgen
   noch (4) und (5).

4. Es muß zwischen den Optionen **FOR** oder **WHILE** gewählt werden;
   wir entscheiden uns für die Option **FOR**.

5. Die Angabe **"Bedingung"** muß mit einer zulässigen Bedingung
   ersetzt werden.

Aus der Syntax des **DELETE-Befehls** lassen sich folgende zulässigen
Befehle in der Anwendung ableiten:

- **DELETE ALL**	(markiere alle Sätze zum löschen)
- **DELETE ALL FOR name =**	"Müller" (markiere alle Sätze zum löschen, in denen das Namensfeld den Inhalt "Müller" hat)

Die allgemeine Notation ist notwendig, um das Wesen eines Befehls oder
einer Notation darzustellen. Mit den Beispielen lassen sich nur spezielle
Eigenschaften und Möglichkeiten demonstrieren.

dBASE III auf Personalcomputer ist zugeschnitten auf das Betriebssystem
MS-DOS und unterliegt daher einigen Konventionen. Ein Dateiname in
dBASE III setzt sich aus drei Komponenten zusammen:

- der Laufwerksangabe; hierbei stehen die Buchstaben A und B für
  Diskettenlaufwerke bzw. RAM-Disk und der Buchstabe C für das
  Festplattenlaufwerk. Dieser Angabe muß ein Doppelpunkt folgen.
  Die Angabe kann fortfallen, falls das Laufwerk dem momentanen
  Standardlaufwerk entspricht.

- der eigentliche Dateiname; er hat maximal 8 Stellen und setzt sich
  aus Buchstaben, Ziffern und dem Unterstrichzeichen (_) zusammen. Groß- und Kleinbuchstaben werden nicht unterschieden.

- der Namenserweiterung; diese wird mit einem Punkt angeschlossen
  und besteht aus maximal drei Buchstaben. dBASE III kennt dabei
  folgende Dateitypen:

-	.DBF	Datenbankdatei
-	.DBT	Datei für Memo-Felder
-	.FMT	Formatdatei für eine Bildschirm-Maske
-	.FRM	Reportdatei für Ausgabeliste
-	.LBL	Ausgabedatei für Etiketten
-	.MEM	Datei für Speichervariable
-	.NDX	Indexdatei für unterschiedliche Reihen-
		folgen der Datenbestände
-	.PRG	dBASE III-Programm oder Prozedur
-	.TXT	Textausgabedatei

Zulässige Dateinamen sind dann:

B:AUTOS.DBF
AUTO0000.PRG
B:AUTO2000.FMT

dBASE III ist für die Handhabung und Bedienung auf die Tastatur der
Personalcomputer zugeschnitten. Es sollen an dieser Stelle einige Tasten
und ihre wichtigsten Funktionen erklärt werden.

Taste	Funktion
↑	bewegt den Cursor um eine Zeile nach oben;
↓	bewegt den Cursor um eine Zeile nach unten;
←	bewegt den Cursor um eine Stelle nach links;
→	bewegt den Cursor um eine Stelle nach rechts;
^→	CONTROL-Taste und Cursortaste rechts bewegen den Cursor um ein Feld nach rechts;
^←	bewegen den Cursor um ein Feld nach links;
DEL	löscht das Zeichen auf dem der Cursor steht;
END	bewegt den Cursor ein Wort nach rechts;
^END	Sichere und verlasse die Operation;
ESC	Verlasse ohne zu sichern die Operation;
HOME	bewegt den Cursor ein Feld nach links;
INS	Einfüge-Modus wird ein-/ausgeschaltet;
PgUp	Page Up: Blättern nach vorne um eine Bildschirm- seite;
PgDn	Page Down: Blättern nach hinten um eine Bild- schirmseite.
<RETURN>	Die RETURN-Taste wird für einige Operationen wie der Eingabe von Befehlen benötigt. Im folgenden wird, falls eindeutig, diese Eingabe nicht mehr separat aufgeführt.

2 Die ersten Schritte zur Datenbankanwendung

In diesem Kapitel sollen die elementaren Arbeitsweisen vermittelt werden, um mit einer Datenbank zu arbeiten. Der Leser wird mit folgenden Themen vertraut gemacht:

— Konzeption und Erstellen einer Datenbank;

— Werte in die Datenbank einpflegen;

— Zugriff auf spezielle Informationen der Datenbank;

— Arbeitsweise und Bedeutung der Index-Technik;

— die Indextechnik gezielt in der Anwendung einsetzen;

— die Unterschiede zwischen Indextechnik und Sortieren kennenlernen.

2.1 Erstellen einer Datenbank

Bild 2.1*

"Durch den Einsatz eines Datenbanksystems läßt sich die betriebliche
Kommunikation erheblich verbessern."

Der erste Schritt beim Erstellen einer Datenbank in dBASE III sind
Überlegungen über die Struktur der Datenbank. Dazu gehören zunächst
die Fragen:

- Welche Felder besitzt die Datenbank?

- Welche möglichen Inhalte haben die Felder?

- Welchen Namen soll die Datenbank tragen?

*Aus: Wukasch, „Computer sind auch Menschen". Köln-Braunsfeld: R. Müller, 1983

Das Ergebnis der Überlegungen gibt Aufschluß darüber, aus welchen
elementaren Datenelementen die Datenbank besteht; in der Praxis kann
dieser Punkt einige Zeit beanspruchen. Man sollte jedoch diese
Vorüberlegungen sehr genau vornehmen, da erst später entdeckte
Unstimmigkeiten meist einen erhöhten Aufwand benötigen.

In dem Beispiel wollen wir uns zunächst auf eine einfache Datenbank
beziehen. Diese Datenbank wurde bereits in Kapitel 1 angesprochen und
soll hier genauer definiert werden. Für die zu speichernden und später zu
verarbeitenden Datensatzfeldern der Autotypen gehören:

(1)   Fabrikat

(2)   Typ

(3)   Hubraum

(4)   PS

(5)   Katalysator

(6)   Zylinder

In diesen sechs Datenelementen sollen die Angaben der verschiedenen
Autotypen festgehalten werden.

Die Angabe "Fabrikat" soll den Autohersteller enthalten wie z. B.
Mercedes, BMW, Fiat und soll eine maximale Länge für den Inhalt von
10 Zeichen haben.

Für das Datensatzfeld "Typ" gelten die gleichen Eigenschaften, hier soll
der Fahrzeugtyp wie **190E** oder **524td** abgespeichert werden, mit einer
maximalen Länge von 12 Zeichen.

Das nächste Datensatzfeld "Hubraum" soll nur Zahlenwerte enthalten,
wobei die Zahlen maximal vierstellig ohne Nachkommastellen sein sollen.
Damit kann dieses Element Werte bis **9999** enthalten.

Auch das nächste Feld "PS" enthält nur numerische Werte und soll
außerdem nur dreistellige Zahlen ohne Nachkommastellen abspeichern.

Bei dem **"Katalysator"-Feld** verhält es sich im Gegensatz zu der darüber
geführten Diskussion in unserer Datenbank etwas einfacher.

In unserer Datenbank wollen wir diese Problematik drastisch vereinfachen und nur den technologischen Aspekt berücksichtigen, nämlich:

   - das entsprechende Fahrzeug ist für den Katalysatoreinbau
     vorgesehen;

   - für den Katalysatoreinbau nicht vorgesehen;

d. h. das Datenelement kann nur zwei unterschiedliche Werte enthalten
und zwar:

   ja   oder nein;

   wahr oder falsch;

   true oder false.

Dieses Datenelement ist vom Typ logisch oder logical. Für das Datenfeld
"Zylinder" gilt, der Inhalt ist numerisch mit zwei Stellen ohne
Nachkommastellen. Die oben aufgeführte Überlegung zu den
Datenelementen und ihren Eigenschaften sind in der nachfolgenden
Tabelle zusammengefaßt:

Feld	Typ	Länge	Nachkommastellen
Fabrikat	Zeichenfeld	10	
Typ	Zeichenfeld	12	
Hubraum	numerisch	4	0
PS	numerisch	3	0
Katalysat	logisch		
Zylinder	numerisch	2	0

Der Datensatzfeldname **"Katalysator"** wurde gekürzt, da dBASE III nur
bis zu 10-stellige Namen zuläßt. Da das Feld "Katalysat" vom Typ
"logisch" ist, wird keine Längenangabe benötigt:

Die Datenbank soll den Namen **"autos"** bekommen, hier gilt die
Namenskonvention des Betriebssystems MS-DOS. Der Name darf maximal
8-stellig sein und sollte sich aus Buchstaben und Ziffern zusammensetzen.

Damit haben wir die Struktur und den Datenbanknamen festgelegt. Als
nächsten Schritt muß diese Information für dBASE III verfügbar gemacht
werden.

Das dBASE III-Programm wird aufgerufen mit:

dbase <RETURN>

Danach meldet sich dBASE III mit Informationen über das Programm und
der Copyright-Bemerkung. Außerdem erscheint die Aufforderung, die
Funktionstaste F1 für **Hilfe** (siehe 4.3), den **Assistentmodus** (siehe 3.5)
oder einen **dBASE III-Befehl** einzugeben.

Der Eingabemodus wird dadurch gekennzeichnet, daß am Anfang der
Bildschirmzeile ein Punkt und danach der Cursor positioniert wird. In
diesem Modus ist es stets möglich, einen Befehl einzugeben.
dBASE III meldet sich mit folgendem Bildschirmaufbau:

```
dBASE III   version 1.10   IBM/MSDOS ***

COPYRIGHT (c) ASHTON-TATE 1984
ALLE RECHTE VORBEHALTEN.

Wir möchten Sie darauf hinweisen, daß für das Programmpaket der Endkunden-
Lizensvertrag Anwendung findet. ASHTON-TATE stellt Ihnen mit dieser nicht
übertragbaren Vereinbarung dBASE III in der Ihnen vorliegenden Version für
den Einsatz auf einem Rechner zur Verfügung.

Sie erwerben an dBASE III kein Eigentum, sondern Nutzungsrechte und dürfen
das Programmpaket nicht kopieren oder ändern.

dBASE, dBASE III und ASHTON-TATE sind geschützte Warenzeichen.

HILFE mit HELP-Taste.
Geben Sie einen Befehl (oder ASSIST) ein und drücken die ENTER-Taste
```

Auch wenn es nach erfolgreichem Starten von dBASE III noch nicht
angebracht ist, soll als erstes der Befehl zum Verlassen des
dBASE III-Programmes angesprochen werden. Der Befehl lautet:

QUIT

Im folgenden soll die **RETURN-Taste** nicht mehr explizit aufgeführt
werden, falls die Taste aus dem Kontext ersichtlich ist. Die
dBASE III-Befehle können mit Groß- oder Kleinbuchstaben geschrieben
werden. Bei den Befehlsbestandteilen, die vom Anwender auszufüllen
sind, werden hier Kleinbuchstaben verwendet; die eigentlichen dBASE
III-Bestandteile werden in Großbuchstaben geschrieben. Bevor die
Datenbankstruktur festgelegt wird, sollte man das Laufwerk definieren,
daß für Benutzerdateien vorgesehen ist. Der Befehl dazu lautet:

SET DEFAULT

und hat bei einer Konfiguration von zwei Diskettenlaufwerken von dem
das Laufwerk A die dBASE-Programmdiskette enthält die Form:

SET DEFAULT TO B:

Der Befehl zum Festlegen der Datenbankstruktur lautet:

CREATE autos

Es erscheint folgender Bildschirmaufbau:

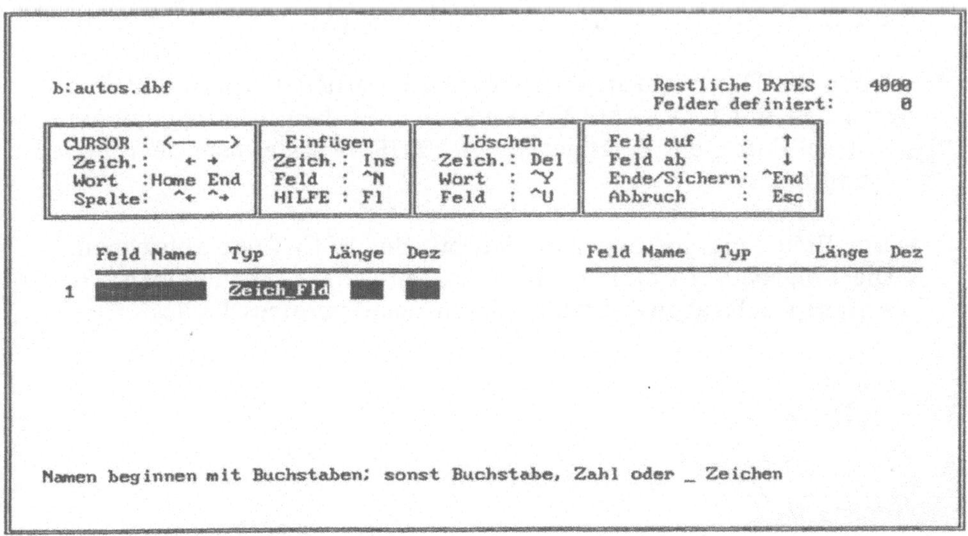

Im oberen Teil des Bildschirms wird eine kurze Erläuterung über die Handhabung angezeigt.

Das Zeichen ^ symbolisiert die **CTRL-Taste** und ist in Verbindung mit einem weiteren Zeichen zu betätigen. Im einzelnen haben die Symbole folgende Bedeutung:

- **Cursorbewegungen** nach links und rechts bzw. auf und ab werden mit den entsprechenden Pfeiltasten vorgenommen.

- Mit den Tasten **HOME** bzw. **END** kann man bei einem Wort wie dem Feldname an den Anfang bzw. an das Ende des entsprechenden Wortes springen

- Bei Datenbankdefinitionen mit vielen Feldern kann man mit der **CTRL-Taste** und der entsprechenden **Pfeiltaste** eine Spalte nach links oder rechts springen. Eine Spalte enthält maximal acht Felddefinitionen.

- Einzelzeichen können nach der **INS-Taste** eingefügt und mit der **DEL-Taste** gelöscht werden.

- Ein Feld kann zwischen zwei bereits definierten Feldern einge- fügt werden, wenn der **Cursor** entsprechend positioniert wird und **CTRL** mit N betätigt wird. Soll ein Feld gelöscht werden, so positioniert man auf das entsprechende Feld und betätigt **CTRL** mit U.

- Wenn die Datenbankstruktur gesichert werden soll, erreicht man dies mit **CTRL** und **END** oder wie in dem nachfolgenden Beispiel durch ein Betätigen der **RETURN-Taste** nach dem letzten Datenfeld.

- Der Erstellungsvorgang läßt sich mit der **ESC-Taste** abbrechen. Die Eingabe wird nun zeilen- bzw. feldweise vorgenommen. Die Anfangsbuchstaben charakterisieren den Typ eines Feldes.

Buchstabe	Typ	Länge	Dez.
C	Zeichenkette (engl. character)	in Zeichen	(entfällt)
N	Numerisch	Stellen gesammt	Nachkommastellen
L	Logisch	(entfällt)	(entfällt)
D	Datum	(entfällt)	(entfällt)

Es wird die folgende Eingabe vorgenommen:

FABRIKAT

C

10

und man erhält:

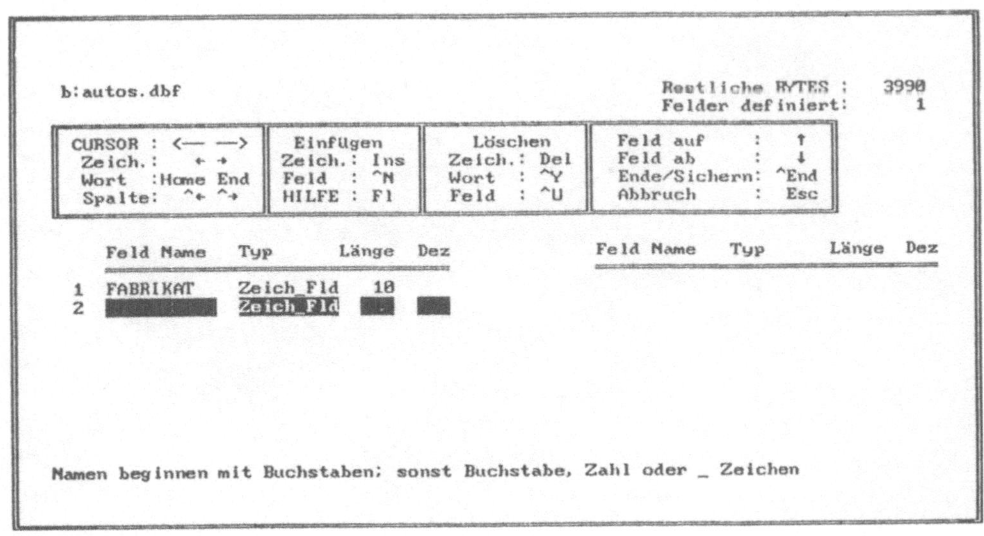

Die Eingaben werden sofort überprüft. Wird z. B. ein nicht zulässiger
Feldname gewählt (etwa Umlaute in Namen oder ein bereits vergebener
Name), so wird dieses sofort gemeldet und man kann nach Betätigen der
Leertaste fortfahren. Nach der Eingabe des zweiten Feldes erhält man:

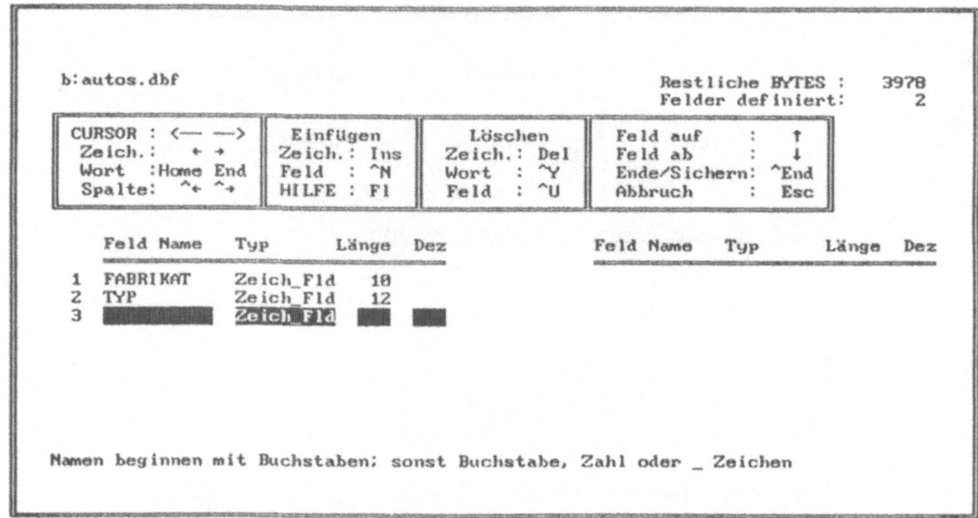

Als nächstes folgt die Eingabe eines numerischen Feldes. Zu beachten ist hierbei lediglich die Eingabe der Nachkommastellen:

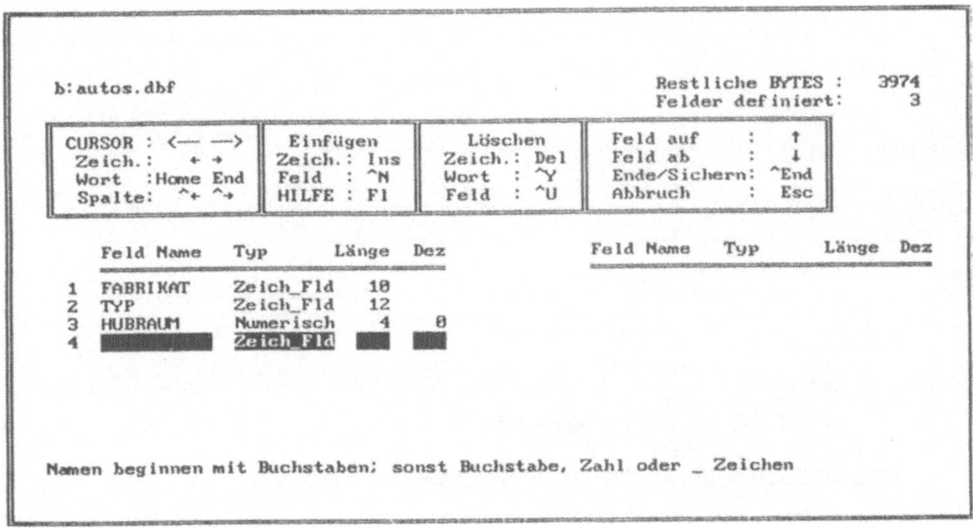

Nachdem sämtliche Eingaben vorgenommen wurden, wird auf der
Feldposition 7 die **RETURN-Taste** betätigt und man erhält:

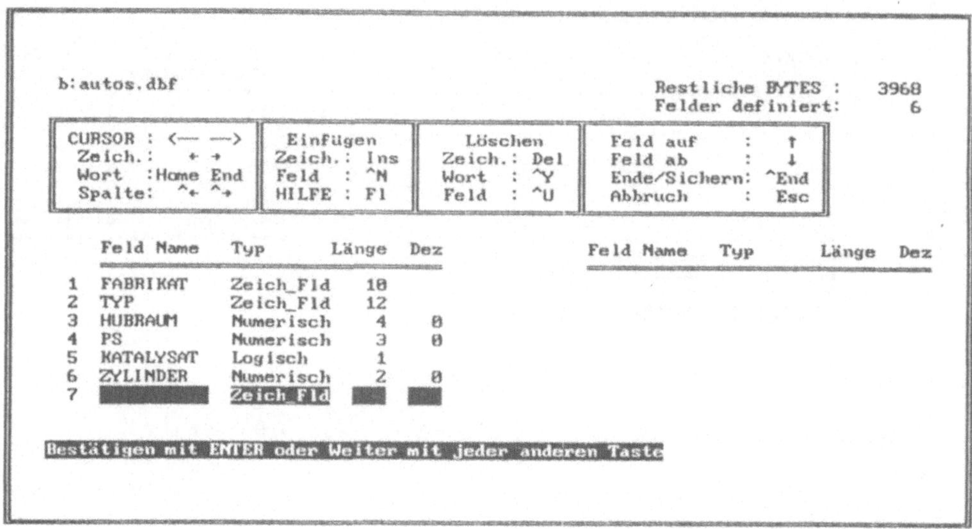

Die Datenbankstruktur wird nun auf Diskette oder Festplatte gespeichert.

Mit dem **CREATE-Befehl** wurde die Datenbankstruktur festgelegt und
abgespeichert. Diese Information ist nun jederzeit verfügbar.

dBASE III fragt als nächstes, ob Werte eingegeben werden sollen. Wird an
dieser Stelle **J** für **Ja** eingegeben, so befindet man sich in dem Modus
"Pflege der Datenbank", der im folgenden Abschnitt angesprochen wird.

2.2 Pflege einer Datenbank

Nachdem nun die Struktur der Datenbank festgelegt wurde, muß die
Datenbank mit Informationen gefüllt werden.

Die einfachste Möglichkeit besteht darin, nach dem **CREATE-Befehl** auf
die Frage, ob Sie nun Daten einsetzen wollen, mit "**J**" zu antworten.

dBASE III geht dann in den **Pflegemodus** über und ermöglicht über eine
Bildschirmmaske, in der die Eingabe-Felder die Attribute der
Datenbankfelder haben, die Datenbankpflege. In dieser automatisch
erstellten Eingabemaske werden unmittelbar Feldprüfungen wie zulässige
Zahleneingaben und Ausrichten an den Dezimalpunkt vorgenommen.

Diese Eingabemaske hat dann für die Datenbank **"autos"** den Aufbau:

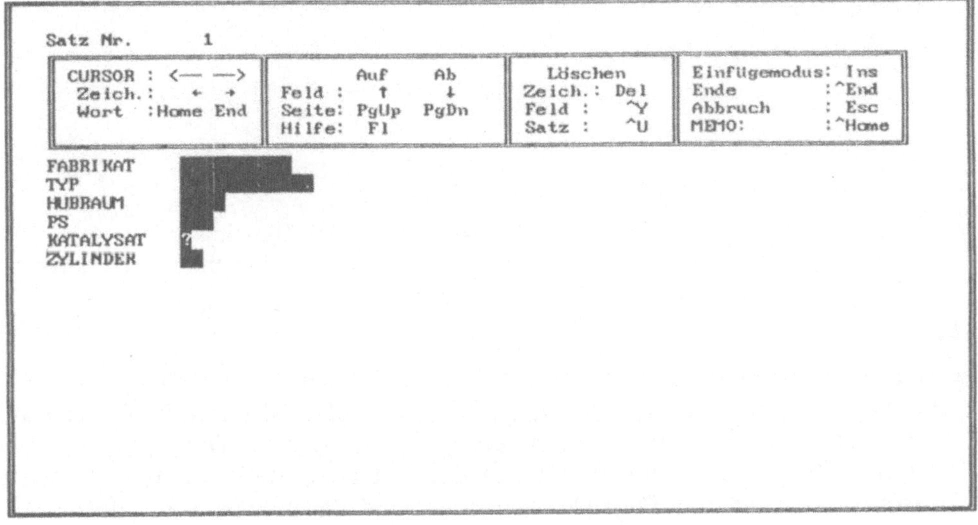

An die entsprechenden Stellen können nun die gewünschten Feldinhalte
eingegeben werden. Die Handhabung ist bereits zum Teil von dem
CREATE-Befehl her bekannt. Es wird zusätzlich eine Blätterfunktion
ermöglicht, die es erlaubt über mehrere Bildschirmseiten bzw. Sätze
vorwärts- bzw. rückwärts zu blättern. Dieses wird ermöglicht mit der
"PgUp"- bzw. der **"PgDn"-Taste**. Nachdem sämtliche Felder eingegeben
wurden, erhält man für den ersten Datensatz:

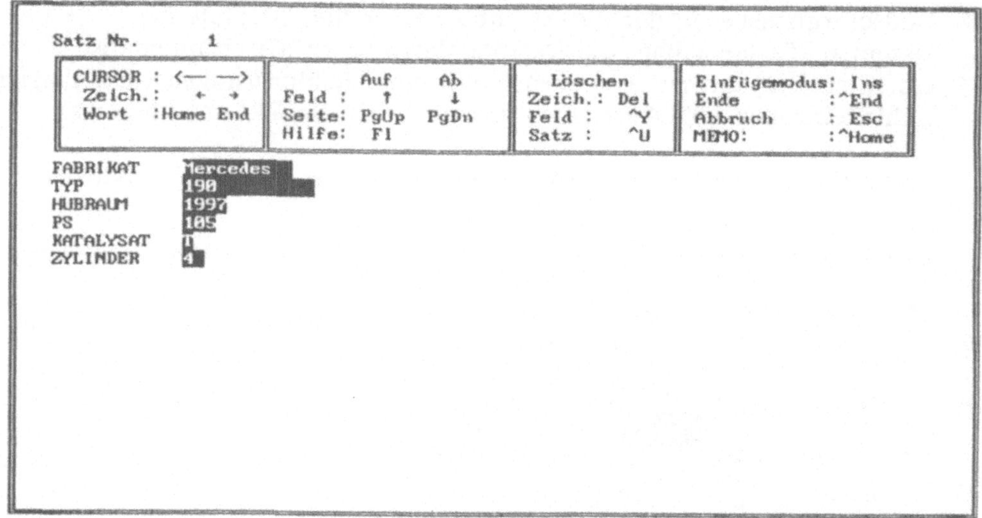

Bei der Eingabe stellt man fest, daß dBASE III den Datensatz nicht
unmittelbar nach der vollständigen Eingabe auf Diskette oder Festplatte
abspeichert. Es werden vielmehr einige Datensätze im Datenpuffer
gesammelt und dann zusammen auf den externen Speicher übertragen.
Dadurch werden die Zugriffe minimiert und das Laufzeitverhalten
verbessert.

Die Verwaltung des Datenpuffers ist abhängig von der Größe der
Datensätze und der Konfiguration, die die Größe des Datenpuffers
festlegt (siehe dazu Abschnitt 8.6).

Sind die Daten für den ersten Satz vollständig und betätigt man die
RETURN-Taste, so erhält man die Eingabemaske für den zweiten Satz.
Diese Eingabemaske unterscheidet sich von der ersten lediglich durch die
Satznummer im oberen Bildschirmbereich. Die zweite Bildschirmmaske
hat dann ausgefüllt den folgenden Aufbau:

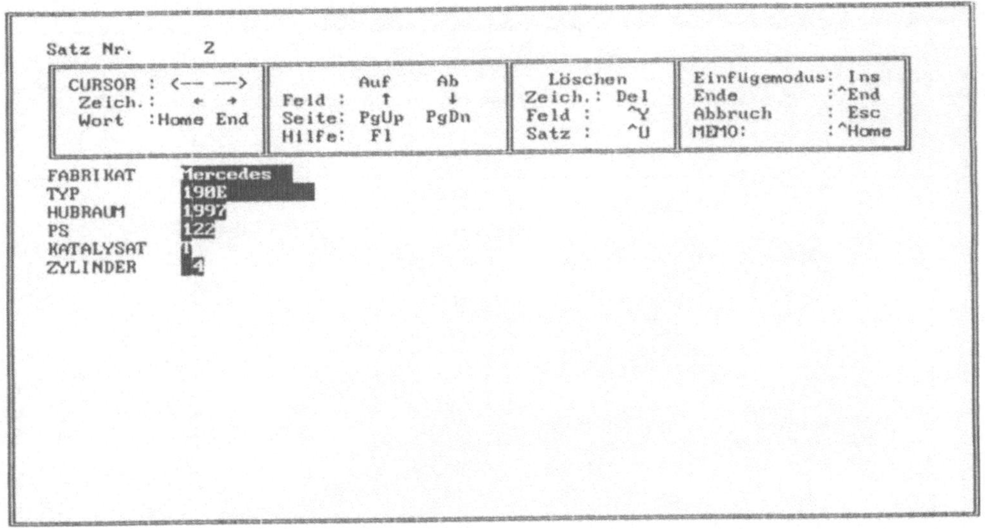

Die Eingabe wird für die weiteren Sätze fortgesetzt und mit der **ESC-
Taste** bzw. **^END** wird der gesamte Erfassungsvorgang beendet. Es
wurden insgesamt 20 Datensätze eingegeben, wobei für die logische
Variable **"katalysat"** folgende Eingaben gemacht werden:

T für True oder J für Ja   bzw.

F für False oder N für Nein.

Die Dateninhalte der logischen Variable werden in beiden Fällen mit der
englischen Notation abgespeichert.

Mit dem Befehl

LIST

kann der Inhalt der Datenbankdatei auf dem Bildschirm angezeigt werden:

```
. LIST
Satz #   FABRIKAT   TYP            HUBRAUM  PS KATALYSAT ZYLINDER
     1   Mercedes   190              1997 105 .T.             4
     2   Mercedes   190E             1997 122 .T.             4
     3   Mercedes   230E             2299 136 .T.             4
     4   Mercedes   300E             2962 190 .T.             6
     5   BMW        318i             1800 102 .T.             4
     6   BMW        320i             2000 125 .T.             6
     7   BMW        520i             2000 125 .T.             6
     8   BMW        524td            2443 115 .F.             6
     9   Opel       Kadett GSI       1800 115 .T.             4
    10   Opel       Corsa L          1000  45 .F.             4
    11   Opel       Ascona C         1300  60 .F.             4
    12   Opel       Senator 3.0E     3000 180 .F.             6
    13   VW         Golf GTI         1800 112 .T.             4
    14   VW         Golf CL          1600  75 .T.             4
    15   VW         Scirocco GT      1600  75 .T.             4
    16   VW         Polo GT          1300  75 .T.             4
    17   Ford       Fiesta L         1100  50 .F.             4
    18   Ford       Escort XR3i      1600 105 .F.             4
    19   Ford       Sierra L         1800  90 .F.             4
    20   Ford       Sierra XR4i      2000 150 .T.             6
```

In vielen Fällen ist es notwendig, die Struktur der Datenbankdatei zu überprüfen. Mit dem Befehl

DISPLAY STRUCTURE

kann die Struktur der gerade aktiven Datenbankdatei angezeigt werden.
Es wird außerdem die Anzahl Datensätze und das letzte Änderungsdatum
auf dem Bildschirm ausgegeben:

```
. DISPLAY STRUCTURE
Datenbankstruktur        - B:autos.dbf
Anzahl der Datensätze    -          20
Letztes Änderungsdatum - 13.01.86
Feld    Feldname    Typ          Länge    Dez
    1   FABRIKAT    Zeichen         10
    2   TYP         Zeichen         12
    3   HUBRAUM     Numerisch        4
    4   PS          Numerisch        3
    5   KATALYSAT   Logisch          1
    6   ZYLINDER    Numerisch        2
** Gesamt **                        33
```

Die Eingabe der Daten wurde oben im Anschluß an den **CREATE-Befehl**
vorgenommen und gehört zu der Pflege einer Datenbankdatei.

Für die Pflege der Datenbank bietet dBASE III eine Reihe von
Möglichkeiten und Befehlen:

1. Einfügen oder Anfügen von neuen Sätzen; z. B. soll ein weiterer
   Autotyp eingegeben werden.

2. Ändern von Sätzen; z. B. sollen fehlerhafte Werte wie falsche
   Zylinderanzahl korrigiert werden.

3. Löschen von Datensätzen; z. B. sollen die Daten zu einem Autotyp gelöscht werden.

Bevor eine Datenbankdatei gepflegt werden kann, muß sie gegenüber
dBASE III eröffnet werden. Der Befehl dazu hat die Syntax:

USE [<datenbank>]

und hat für die Datenbankdatei **"autos.dbf"** die Form:

USE autos

Eine Datenbank wird ordnungsgemäß mit

USE

gegenüber dBASE III geschlossen. Die Datenbankdatei wird auch mit dem
Befehl

QUIT

geschlossen.

Bei der Datenbankverwaltung wird von dBASE III ein Satzzeiger oder
Pointer mitgeführt, der immer auf den aktuell bearbeiteten Datensatz
zeigt. Dieser Pointer kann durch bestimmte Befehle gezielt positioniert
werden. Nach dem Eröffnen der Datenbank zeigt der Pointer auf den
ersten Datensatz. Mit dem **INSERT-Befehl** kann ein Datensatz hinter der
nächsten Stelle des Satzzeigers eingefügt werden.

Beispiel:

USE autos   : **Eröffnen der Datenbank**

INSERT   : **Einfügen eines Datensatzes**

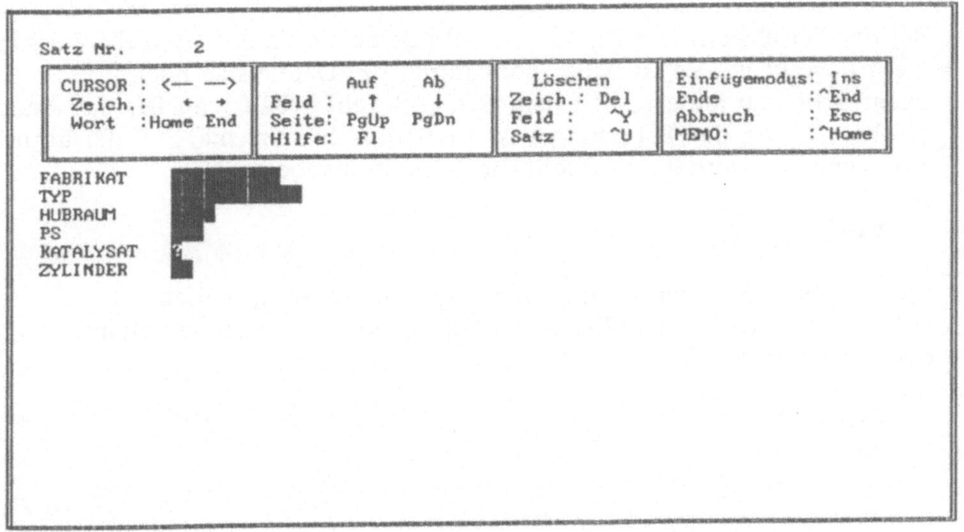

Die Bildschirmmaske ist vom Erfassungsvorgang bereits bekannt, außerdem ist die Handhabung die gleiche wie beim Erfassen.

Falls keine Sätze eingefügt werden sollen, kann der Befehl mit der **ESC-Taste** abgebrochen werden. Es erscheint dann die Meldung:

Satz wurde nicht eingefügt

Der **INSERT-Befehl** in der Form

INSERT BEFORE

fügt einen Satz bzw. mehrere Sätze vor den Satzzeiger.

Mit dem **APPEND-Befehl** können Datensätze angefügt werden. Bei diesem Befehl ist es möglich, Leersätze anzufügen und diese später zu ändern:

APPEND [BLANK]

Es erscheint nun die bereits bekannte Eingabemaske und die gewünschten Datensätze können eingegeben werden.

Bei der Durchsicht der Datensätze fällt gelegentlich auf, daß die Eingabe nicht korrekt ist. Es ist daher notwendig, die Datensätze noch nachträglich zu ändern. Mit dem **EDIT-Befehl** erhält man für das Ändern die bereits von der Erfassung bekannte Bildschirmmaske. Soll der aktuelle Satz geändert werden, so reicht die Befehlseingabe

EDIT.

Für den Fall, daß der zu ändernde Satz nicht dem aktuellen Satz entspricht, muß der **EDIT-Befehl** mit der gewünschten Satznummer erweitert werden. Mit

EDIT 12

wird der 12. Satz zum Ändern angezeigt.

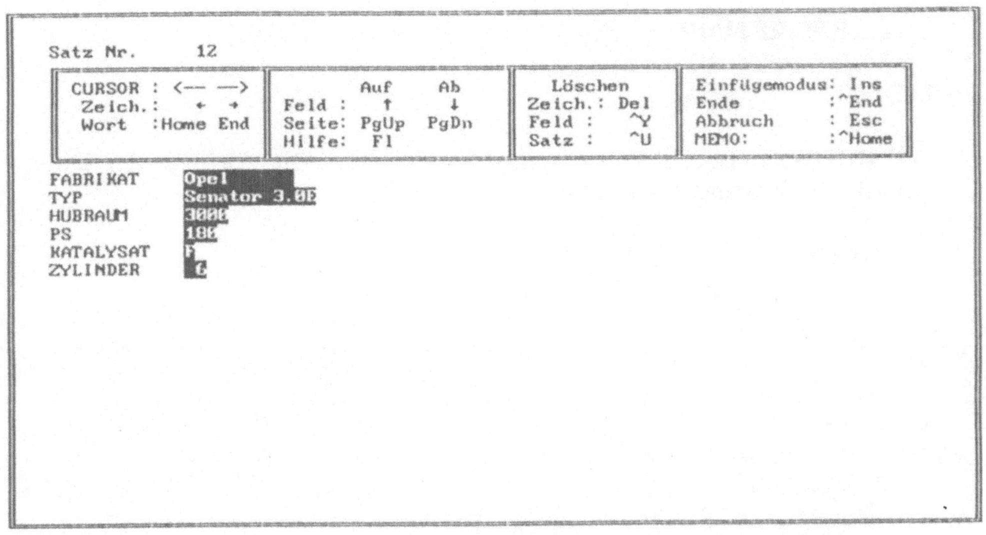

dBASE III befindet sich nun im Änderungsmodus. Maskenaufbau und
Handhabung sind von der Dateneingabe her bekannt. Die Änderung wird
in der Form durchgeführt, daß die entsprechenden Datenfeldinhalte
überschrieben werden.

Sollen vorangehende oder nachfolgende Sätze geändert werden, so ist es
nun notwendig mit den Blättertasten **PgUp** und **PgDn** auf diese Sätze zu
positionieren. Im **EDIT-Modus** werden die Datenfelder untereinander
angezeigt, sind nicht alle Datenfelder auf einer Bildschirmmaske
darstellbar, so wird der Datensatz über mehrere Bildschirmmasken
angezeigt.

In dBASE III gibt es noch einen weiteren Befehl für die Datenpflege.

Mit dem **BROWSE-Befehl** werden die Datenfeldinhalte nebeneinander
dargestellt. Es ist daher mit diesem Befehl möglich, mehrere Datensätze
auf einer Bildschirmmaske verfügbar zu machen.

In diesem Fall ist es ggf. notwendig **nach rechts** oder **nach links** zu
blättern:

nach rechts blättern ^ -> (Control + Cursor rechts)

nach links blättern   ^ <- (Control + Cursor links)

Beispiel:

Der BROWSE-Befehl soll für das Ändern bzw. die Anzeige der Datenbankdatei verwendet werden:

BROWSE

```
Satz Nr.        12    autos

 CURSOR : <—  —>           Auf     Ab         Löschen          Einfügemodus:  Ins
  Zeich.:    ←   →    Satz :   ↑      ↓       Zeich.: Del       Ende       : ^End
  Feld  :Home End     Seite: PgUp  PgDn       Feld  : ^Y        Abbruch    : Esc
  Spalte:  ^←  ^→     HILFE: F1              Satz  : ^U        Optionen   : ^Home

FABRIKAT--- TYP----------- HUBRAUM PS- KATALYSAT ZYLINDER
Opel        Senator 3.0E    3000 100 G              6
VW          Golf GTI        1800 112 T              4
VW          Golf CL         1600  75 T              4
VW          Scirocco GT     1600  75 T              4
VW          Polo GT         1300  75 T              4
Ford        Fiesta L        1100  50 F              4
Ford        Escort XR3i     1600 105 F              4
Ford        Sierra L        1800  90 F              4
Ford        Sierra XR4i     2000 150 T              6
```

Die Datenfelder werden bei diesem Befehl nebeneinander angezeigt und
können mit den Inhalten überschrieben werden. Da vor dem **BROWSE**-
Befehl der **EDIT-Befehl** für den Satz 12 eingegeben wurde, erhält man
die Anzeige ab Satz 12. Im oberen Bildschirmteil ist die Handhabung der
Befehle erklärt. Diese Erklärungen enthalten neben den Tastenbelgungen
für das seitliche Blättern und das Positionieren nach oben und unten den
Befehl:

^ HOME

Wird diese Tastenkombination betätigt, so erhält man die folgende
Bildschirmmaske:

```
 Ende          Anfang            Stoppen          Satz Nr.          Sperren
 ┌─────────────────────┐┌──────────────────────┐┌───────────────┐┌──────────────────────────┐
 │ CURSOR : <—  —>     ││           Auf    Ab  ││  Löschen      ││ Einfügemodus:    Ins     │
 │ Zeich.:   ←   →     ││ Satz :     ↑     ↓   ││ Zeich.: Del   ││ Ende        : ^End       │
 │ Feld  :Home End     ││ Seite: PgUp  PgDn    ││ Feld  : ^Y    ││ Abbruch     :  Esc       │
 │ Spalte:  ^←  ^→     ││ HILFE: F1            ││ Satz  : ^U    ││ Optionen    : ^Home      │
 └─────────────────────┘└──────────────────────┘└───────────────┘└──────────────────────────┘
 FABRIKAT— TYP——————— HUBRAUM PS— KATALYSAT ZYLINDER
 Opel      Senator 3.0i  3000 180 F                 6
 VW        Golf GTI      1800 112 T                 4
 VW        Golf CL       1600  75 T                 4
 VW        Scirocco GT   1600  75 T                 4
 VW        Polo GT       1300  75 T                 4
 Ford      Fiesta L      1100  50 F                 4
 Ford      Escort XR3i   1600 105 F                 4
 Ford      Sierra L      1800  90 F                 4
 Ford      Sierra XR4i   2800 150 T                 6

 Gehe zum Ende der Datei.
```

Die im oberen Teil des Bildschirms angezeigten Möglichkeiten bedeuten
im einzelnen:

Ende: Gehe zum Ende der Datei.
Bedeutung: Setze den Datenbankzeiger auf das Ende der
                 Datenbankdatei.

Anfang: Gehe zum Anfang der Datei.
Bedeutung: Setze den Datenbankzeiger auf den ersten
Satz der Datenbankdatei.

Stoppen: Definiere Anzahl der festen Spalten für das
horizontale Blättern.
Bedeutung: Beim Blättern **nach links** bzw. **nach rechts**
kann hier die Spaltenanzahl festgelegt
werden. Standardmäßig wird hier nun eine
Spalte in einem Datenbankfeld geblättert.
Diese Blätterfunktion ist nur dann sinnvoll,
wenn sämtliche Felder der Datenbankdatei
nicht nebeneinander auf einer Bildschirmmaske darstellbar sind.

Wird die Möglichkeit ausgewählt, erscheint
die Frage: Ändere Anzahl der blockierten
Spalten, von 00 bis : mit der Eingabe-
möglichkeit der Anzahl Spalten (z. B. 3).

Satz Nr.:   Zeiger auf angegebene Satznummer stellen
Bedeutung: die angegebene Satznummer wird der erste
Satz der angezeigt wird. Bei der Auswahl
dieser Möglichkeit erfolgt die
Aufforderung:
Neue Satznummer eingeben:

Beispiel: Wird auf diese Frage die Nummer 11
eingegeben, so erfolgt die Anzeige ab Satz 11.

Sperren: Nur ein Feld editierbar.
Bedeutung: Beim Ändern der Datenbankdatei wird nur ein
Feld freigegeben.

Beispiel: Es soll nur das Feld **"ps"** editierbar sein:
- Auswahl von **"Sperren"**
- Eingabe von **"ps"** auf die Aufforderung:
  Name des einzugrenzenden Feldes angeben.

Bei nachträglichen Änderungen ist es oft notwendig, einen Datensatz vollständig zu löschen. dBASE III bietet als Datenbanksystem einen
zweistufigen Löschvorgang an:

- In der ersten Stufe wird der Datensatz mit einem Löschkennzeichen markiert (**DELETE**). Dieses Löschkennzeichen ist jederzeit
  zu entfernen (**RECALL**).

- In der zweiten Stufe werden die zur Löschung markierten Sätze
  erst aus der Datenbank entfernt (**PACK**).

Beispiel:

In einer Datenbankdatei sollen die Sätze mit den Nummern 4 und 9 mit
einem Löschkennzeichen markiert werden. Der Befehl hat die allgemeine
Form:

DELETE RECORD <Satznummer>

Das Schlüsselwort **DELETE** bedeutet löschen und die Angabe **RECORD**
bezeichnet den Satz.

Da die Datenbankdatei autos.dbf in ihrer bisherigen Form erhalten
bleiben soll, legen wir zunächst eine Kopie dieser Datei unter dem Namen
"autoskop.dbf" an. Der dazu eingesetzte **COPY-Befehl** hat die Form:

COPY TO <Datenbankdatei>

Die gesamte Befehlsfolge einschließlich der beiden **DELETE-Befehle** sieht
dann wie folgt aus:

```
. USE autos
. COPY TO autoskop
     20 Sätze kopiert
. USE autoskop
. DELETE RECORD 4
     1 Satz gelöscht
. DISPLAY
Satz #  FABRIKAT    TYP          HUBRAUM  PS KATALYSAT ZYLINDER
    4 *Mercedes     300E            2962 190 .T.              6
. DELETE RECORD 9
     1 Satz gelöscht
. DISPLAY
Satz #  FABRIKAT    TYP          HUBRAUM  PS KATALYSAT ZYLINDER
    9 *Opel         Kadett GSI      1800 115 .T.              4
```

Nach der Satznummer beim **DISPLAY-Befehl** wird ein Stern (*) angezeigt, der das Löschkennzeichen symbolisiert. Auch in der nachfolgenden
Liste der Datenbankinhalte sind diese Löschkennzeichen zu sehen:

```
. LIST
Satz #   FABRIKAT   TYP            HUBRAUM  PS KATALYSAT ZYLINDER
      1  Mercedes   190              1997  105 .T.              4
      2  Mercedes   190E             1997  122 .T.              4
      3  Mercedes   230E             2299  136 .T.              4
      4 *Mercedes   300E             2962  190 .T.              6
      5  BMW        318i             1800  102 .T.              4
      6  BMW        320i             2000  125 .T.              6
      7  BMW        520i             2000  125 .T.              6
      8  BMW        524td            2443  115 .F.              6
      9 *Opel       Kadett GSI       1800  115 .T.              4
     10  Opel       Corsa L          1000   45 .F.              4
     11  Opel       Ascona C         1300   60 .F.              4
     12  Opel       Senator 3.0E     3000  180 .F.              6
     13  VW         Golf GTI         1800  112 .T.              4
     14  VW         Golf CL          1600   75 .T.              4
     15  VW         Scirocco GT      1600   75 .T.              4
     16  VW         Polo GT          1300   75 .T.              4
     17  Ford       Fiesta L         1100   50 .F.              4
     18  Ford       Escort XR3i      1600  105 .F.              4
     19  Ford       Sierra L         1800   90 .F.              4
     20  Ford       Sierra XR4i      2000  150 .T.              6
. PACK
     18 Sätze kopiert
```

Wird anschließend der Befehl

PACK

eingegeben, so werden die mit dem Löschkennzeichen markierten Sätze
endgültig gelöscht, das bedeutet in unserem Beispiel: von den 20 Sätzen
wurden 2 Sätze mit dem **DELETE-Befehl** gekennzeichnet und daher 18
Sätze durch den **PACK-Befehl** übertragen.

Für den Fall, daß sämtliche Datensätze aus der Datenbank entfernt
werden sollen, bietet dBASE III noch den sehr wirkungsvollen Befehl

ZAP.

Dieser Befehl enthält noch eine Sicherheitsvorkehrung, indem die Frage
gestellt wird:

Löschen aller Daten B:autoskop.dbf? (J/N)

Das Ergebnis des **ZAP-Befehls** wird im folgenden mit dem **LIST-Befehl**,
der keine Datensätze mehr anzeigt und dem Befehl

DISPLAY STRUCTURE

bei dem die Anzahl der Datensätze gleich null ist, überprüft.

```
. ZAP
Löschen aller Daten B:autoskop.dbf? (J/N) Ja
. LIST
. DISPLAY STRUCTURE
Datenbankstruktur        - B:autoskop.dbf
Anzahl der Datensätze    -         0
Letztes Änderungsdatum - 13.01.86
Feld    Feldname     Typ          Länge    Dez
        1  FABRIKAT   Zeichen        10
        2  TYP        Zeichen        12
        3  HUBRAUM    Numerisch       4
        4  PS         Numerisch       3
        5  KATALYSAT  Logisch         1
        6  ZYLINDER   Numerisch       2
** Gesamt **                        33
.
```

2.3 Einfacher Zugriff auf die Daten

In Abschnitt 2.2 wurde bereits der **LIST-Befehl** verwendet, um den
Inhalt der Datenbank anzuzeigen. Der **LIST-Befehl** bietet neben dieser
einfachen Form noch die Möglichkeiten:

- nur bestimmte Sätze mit einem genau definierten Auswahlkriterium
  anzuzeigen;

- nur bestimmte Felder des Datensatzes anzuzeigen;

- vor der Anzeige Rechenoperationen auszuführen;

- die Informationen auf dem Drucker ausgeben.

Der **LIST-Befehl** hat die Form:

LIST [<Ausdrucksliste>] [FOR <Bedingungen>]

    [TO PRINT]

Nach der **FOR-Klausel** kann durch eine nachfolgende Bedingung die
Anzeige der Datensätze eingeschränkt werden. Eine Bedingung ist in
unserem Fall ein Vergleich zwischen einem Datenbankfeld und einer
Speichervariablen oder Konstanten.

Beispiel:

Es sollen sämtliche Fahrzeuge des Fabrikats **"Ford"** angezeigt werden:

```
. USE autos
. LIST FOR fabrikat = "Ford"
 Satz #  FABRIKAT   TYP           HUBRAUM  PS KATALYSAT ZYLINDER
     17  Ford       Fiesta L         1100  50 .F.            4
     18  Ford       Escort XR3i      1600 105 .F.            4
     19  Ford       Sierra L         1800  90 .F.            4
     20  Ford       Sierra XR4i      2000 150 .T.            6
```

Der **LIST-Befehl** bewirkt, daß die Datenbankdatei satzweise oder
sequentiell nach dem entsprechenden Datenfeldinhalt durchsucht wird.
Die Ausführungszeit für diesen Befehl hängt daher von dem zu
durchsuchenden Datenvolumen ab.

Bei der Aufstellung des Vergleichs ist es nicht notwendig, daß die
Zeichenketten ganz übereinstimmen; die Bedingung kann so gestellt
werden, daß eine Übereinstimmung nur bis zu einer bestimmten Stelle
zutrifft. Wichtig ist jedoch die Übereinstimmung, wobei auch zwischen
Groß- und Kleinschreibung unterschieden wird:

```
. LIST FOR typ = "Golf"
Satz #  FABRIKAT    TYP           HUBRAUM  PS KATALYSAT ZYLINDER
    13  VW          Golf GTI          1800 112 .T.             4
    14  VW          Golf CL           1600  75 .T.             4
. LIST FOR typ = "GOLF"
Satz #  FABRIKAT    TYP           HUBRAUM  PS KATALYSAT ZYLINDER
.
```

Die aufgeführten Vergleiche beziehen sich jeweils nur auf ein
Datenbankfeld. Es ist möglich, weitere Bedingungen festzulegen und die
Selektion so zu treffen, daß beide Bedingungen erfüllt sein müssen.

Diese Verknüpfung wird umgangssprachlich mit dem Wort **"und"** erreicht.
In dBASE III werden die beiden Bedingungen mit dem Wort **".AND."**
verbunden. Es wird hiermit eine logische UND-Verknüpfung hergestellt.

Beispiel:

Es sollen alle Sechszylinder Fahrzeuge von **"Ford"** angezeigt werden:

```
. LIST FOR fabrikat = "Ford" .AND. zylinder = 6
 Satz #  FABRIKAT    TYP          HUBRAUM  PS KATALYSAT ZYLINDER
    20  Ford        Sierra XR4i     2800 150 .T.            6
 .
```

Zwei Bedingungen können auch mit dem Wort **"oder"** verbunden werden.
Das hat zur Folge, daß alle Sätze angezeigt werden, für die mindestens
ein Bedingungsteil erfüllt ist. Das entsprechende Schlüsselwort in dBASE
III lautet: **".OR."**.

Beispiel:

Es sollen die Fahrzeuge angezeigt werden, die entweder von "Ford"
hergestellt wurden oder sechs Zylinder haben:

```
. LIST FOR fabrikat = ''Ford'' .OR. zylinder = 6
 Satz #   FABRIKAT     TYP            HUBRAUM  PS KATALYSAT ZYLINDER
       4   Mercedes     300E            2962 190 .T.            6
       6   BMW          320i            2000 125 .T.            6
       7   BMW          520i            2000 125 .T.            6
       8   BMW          524td           2443 115 .F.            6
      12   Opel         Senator 3.0E    3000 100 .F.            6
      17   Ford         Fiesta L        1100  50 .F.            4
      18   Ford         Escort XR3i     1600 105 .F.            4
      19   Ford         Sierra L        1800  90 .F.            4
      20   Ford         Sierra XR4i     2000 150 .T.            6
```

Die Anzahl der Bedingungen kann weiter erhöht werden, wobei die
einzelnen Teile jeweils mit ".AND." oder ".OR." verbunden werden.
Hierbei ist zu beachten, daß die Verbindungen mit ".AND." zunächst
überprüft wird und danach die Verbindungen mit ".OR.".

Beispiel:

Es sollen sämtliche Fahrzeuge angezeigt werden, die entweder von "Ford"
hergestellt wurden oder von "BMW" mit sechs Zylinder hergestellt
wurden:

```
. LIST FOR fabrikat = "Ford" .OR. fabrikat = "BMW" .AND. zylinder = 6
Satz #  FABRIKAT    TYP             HUBRAUM  PS KATALYSAT ZYLINDER
    6   BMW         320i             2000 125 .T.              6
    7   BMW         520i             2000 125 .T.              6
    8   BMW         524td            2443 115 .F.              6
   17   Ford        Fiesta L         1100  50 .F.              4
   18   Ford        Escort XR3i      1600 105 .F.              4
   19   Ford        Sierra L         1800  90 .F.              4
   20   Ford        Sierra XR4i      2800 150 .T.              6
```

Sollen die Verbindungen in einer anderen Reihenfolge aufgelöst werden,
müssen entsprechend Klammern gesetzt werden.

Beispiel:

Die angezeigten Fahrzeuge sollen entweder von **"Ford"** oder von **"BMW"** hergestellt werden und sechs Zylinder haben:

```
. LIST FOR (fabrikat = "Ford" .OR. fabrikat = "BMW") .AND. zylinder = 6
 Satz #   FABRIKAT     TYP            HUBRAUM  PS KATALYSAT ZYLINDER
      6   BMW          320i           2000 125 .T.              6
      7   BMW          520i           2000 125 .T.              6
      8   BMW          524td          2443 115 .F.              6
     20   Ford         Sierra XR4i    2800 150 .T.              6
.
```

Einen besonderen Vorteil bei der Formulierung von Bedingungen haben logische Datenfelder. Da diese Felder als Inhalt bereits das Ergebnis eines Vergleichs, nämlich:

> **.T. = True = wahr => Bedingung   erfüllt**

bzw.

> **.F. = False = falsch => Bedingung   nicht erfüllt**

haben, reduziert sich hier der Schreibaufwand.

Beispiel:

Es sollen sämtliche Katalysatorfahrzeuge angezeigt werden:

```
. LIST FOR katalysat
 Satz #   FABRIKAT    TYP            HUBRAUM  PS KATALYSAT ZYLINDER
     1    Mercedes    190               1997 105 .T.            4
     2    Mercedes    190E              1997 122 .T.            4
     3    Mercedes    230E              2299 136 .T.            4
     4    Mercedes    300E              2962 190 .T.            6
     5    BMW         318i              1800 102 .T.            4
     6    BMW         320i              2000 125 .T.            6
     7    BMW         520i              2000 125 .T.            6
     9    Opel        Kadett GSI        1800 115 .T.            4
    13    VW          Golf GTI          1800 112 .T.            4
    14    VW          Golf CL           1600  75 .T.            4
    15    VW          Scirocco GT       1600  75 .T.            4
    16    VW          Polo GT           1300  75 .T.            4
    20    Ford        Sierra XR4i       2000 150 .T.            6
```

Bei der Formulierung von Bedingungen läßt sich eine Bedingung mit dem Zusatz ".NOT." verneinen. Man erhält dann sämtliche Sätze angezeigt, für die diese Bedingung nicht erfüllt ist.

Beispiel:

Es sollen sämtliche Fahrzeuge angezeigt werden, die nicht für den
Katalysatoreinbau geeignet sind:

```
. LIST FOR .NOT. katalysat
 Satz #   FABRIKAT    TYP           HUBRAUM  PS KATALYSAT ZYLINDER
     8    BMW         524td            2443 115 .F.            6
    10    Opel        Corsa L          1000  45 .F.            4
    11    Opel        Ascona C         1300  60 .F.            4
    12    Opel        Senator 3.0E     3000 180 .F.            6
    17    Ford        Fiesta L         1100  50 .F.            4
    18    Ford        Escort XR3i      1600 105 .F.            4
    19    Ford        Sierra L         1800  90 .F.            4
```

Der Vergleich zweier Aussagen muß nicht unbedingt auf die Identität
erfolgen, sondern kann auch durch die Verknüpfung mit anderen
Operatoren durchgeführt werden. dBASE III erlaubt folgende
Vergleichsoperatoren:

    =   **gleich**

    >   **größer**

    <   **kleiner**

    <>   **ungleich**

    >=   **größer gleich**

    <=   **kleiner gleich.**

Beispiel:

Es sollen sämtliche Fahrzeuge mit mehr als 130 PS angezeigt werden:

```
. LIST FOR .NOT. katalysat
 Satz #  FABRIKAT   TYP           HUBRAUM  PS KATALYSAT ZYLINDER
      8  BMW        524td           2443 115 .F.              6
     18  Opel       Corsa L         1000  45 .F.              4
     11  Opel       Ascona C        1300  60 .F.              4
     12  Opel       Senator 3.0E    3000 180 .F.              6
     17  Ford       Fiesta L        1100  50 .F.              4
     18  Ford       Escort XR3i     1600 105 .F.              4
     19  Ford       Sierra L        1800  90 .F.              4
```

Es ist möglich auch Teile eines Datensatzes anzuzeigen. Die gewünschten Felder müssen dann in dem **LIST-Befehl** angegebenwerden.

Beispiel:

Für alle Fahrzeuge mit mehr als 130 PS sollen **"Fabrikat"** und **"Typ"**
angezeigt werden:

```
. LIST fabrikat, typ FOR ps > 130
 Satz #  fabrikat    typ
      3  Mercedes    230E
      4  Mercedes    300E
     12  Opel        Senator 3.0E
     20  Ford        Sierra XR4i
```

Mit dem Zusatz **TO PRINT** an den **LIST-Befehl** kann die Ausgabe auf
dem angeschlossenen Drucker erfolgen.

2.4 Komplexer Zugriff auf die Daten

Mit dem Befehl **DISPLAY** steht ein weiterer Anzeigenbefehl zur
Verfügung, der ähnliche Möglichkeiten bietet wie der **LIST-Befehl**.

Wird der Befehl in der Form:

DISPLAY

verwendet, zeigt das System lediglich den aktuellen Datensatz an.

Wird eine Datenbankdatei mit dem **USE-Befehl** eröffnet, so ist der erste
Satz, gleich dem aktuellen Datensatz:

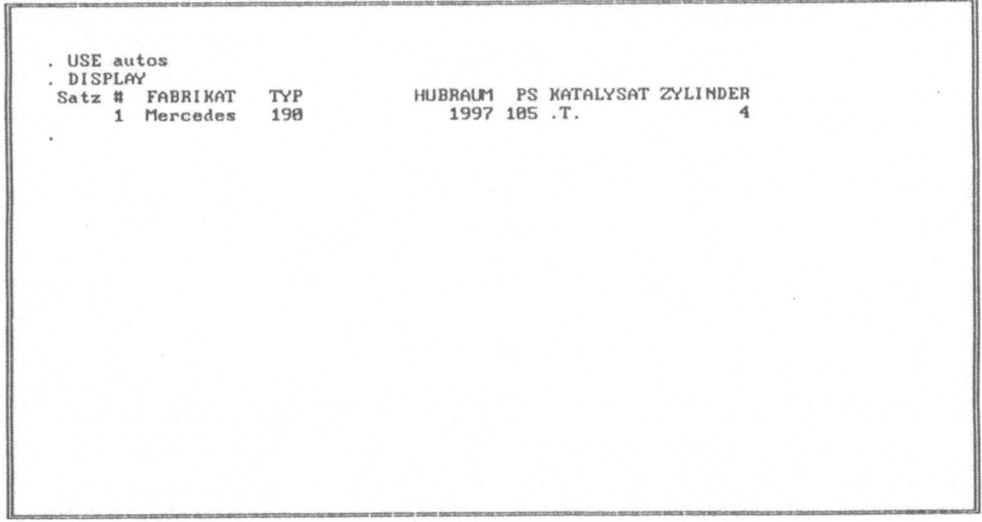

Sollen nicht alle Sätze, die einer bestimmten Bedingung genügen, auf
einmal angezeigt werden, sondern jeweils nur ein bestimmter Satz, so
kann dieser Vorgang mit dem **DISPLAY-Befehl** in Verbindung mit den
beiden folgenden Befehlen realisiert werden.

Mit dem **LOCATE-Befehl** kann in der Datenbankdatei auf den ersten
Satz positioniert werden, der einer bestimmten Bedingung genügt:

Der **LOCATE-Befehl** hat die Form

    LOCATE FOR <Bedingung>

Beispiel:

Es soll der erste Datensatz angezeigt werden, bei dem das Datenfeld **"ps"**
größer als 130 ist.

```
. LOCATE FOR ps > 130
Satz =        3
. DISPLAY
 Satz #  FABRIKAT   TYP          HUBRAUM  PS KATALYSAT ZYLINDER
      3  Mercedes   230E            2299 136 .T.              4
 .
```

Mit dem Befehl

    CONTINUE

wird auf dem nächsten Datensatz positioniert, der die im **LOCATE**-Befehl definierte Bedingung erfüllt. Der **CONTINUE**-Befehl läßt sich beliebig wiederholen bis das Ende der Datenbankdatei erreicht ist, d. h. bis es keine weiteren Sätze gibt, die der Bedingung genügen. Es erscheint dann die Meldung:

Ende des LOCATE-Bereichs

```
. LOCATE FOR ps > 130
Satz =         3
. DISPLAY
 Satz # FABRIKAT    TYP            HUBRAUM  PS KATALYSAT ZYLINDER
      3 Mercedes    230E             2299 136 .T.            4
. CONTINUE
Satz =         4
. DISPLAY typ,ps
 Satz # typ            ps
      4 300E          190
. CONTINUE
Satz =        12
. DISPLAY fabrikat,typ
 Satz # fabrikat     typ
     12 Opel         Senator 3.0E
. CONTINUE
Satz =        20
. DISPLAY
 Satz # FABRIKAT    TYP            HUBRAUM  PS KATALYSAT ZYLINDER
     20 Ford        Sierra XR4i      2800 150 .T.            6
. CONTINUE
Ende des LOCATE-Bereiches
.
```

Bei der Verarbeitung einer Datenbankdatei kommt dem Positionieren oder dem Setzen des Satzzeigers eine besondere Bedeutung zu.
dBASE III kennt zwei Befehle für das direkte Positionieren:

- Mit dem **GO-Befehl** kann der Satzzeiger auf eine bestimmte Satznummer, auf den Anfang (**TOP**) oder das Ende der Datenbank (**BOTTOM**) gesetzt werden.

- Der **SKIP-Befehl** verschiebt den Satzzeiger um eine bestimmte Anzahl Sätze nach vorne oder hinten und kommt damit einer Blätterfunktion in der Datenbank gleich.

Der **GO-Befehl** hat die Syntax:

GO <Ausdruck>/TOP/BOTTOM

oder

GOTO <Ausdruck>/TOP/BOTTOM

Beide Schreibweisen sind möglich, im folgenden soll jedoch stets die kürzere verwendet werden.

Beispiel:

In der Datenbankdatei soll mit dem **GO-Befehl** positioniert und der entsprechende Satz angezeigt werden:

```
. USE autos
. GO 4
. DISPLAY
Satz #  FABRIKAT    TYP           HUBRAUM  PS KATALYSAT ZYLINDER
     4  Mercedes    300E            2962 190 .T.              6
. satz = 4 + 3
7
. GO satz
. DISPLAY
Satz #  FABRIKAT    TYP           HUBRAUM  PS KATALYSAT ZYLINDER
     7  BMW         520i            2000 125 .T.              6
. GO BOTTOM
. DISPLAY
Satz #  FABRIKAT    TYP           HUBRAUM  PS KATALYSAT ZYLINDER
    20  Ford        Sierra XR4i     2000 150 .T.              6
. GO TOP
. DISPLAY
Satz #  FABRIKAT    TYP           HUBRAUM  PS KATALYSAT ZYLINDER
     1  Mercedes    190             1997 105 .T.              4
.
```

Mit dem **SKIP-Befehl** kann der Satzzeiger in der Datenbank nach vorne oder hinten verschoben werden. Der Befehl hat die Syntax:

SKIP [[+/-] Ausdruck]

Der Wert "**Ausdruck**" kann hier eine Zahl oder eine numerische Variable sein. Das Pluszeichen bedeutet, daß der Satzzeiger zum Ende der Datenbank (**BOTTOM**) verschoben wird, das Minuszeichen verschiebt den Satzzeiger zum Datenbankanfang (**TOP**). Fehlt das Vorzeichen, so wird "+" angenommen.

Beispiel:

Es soll mit dem **SKIP-Befehl** positioniert werden:

SKIP +4   **Satzzeiger um 4 Sätze nach hinten**

SKIP 13   **Satzzeiger um 13 Sätze nach hinten**

SKIP 5   **Satzzeiger um 5 Sätze nach vorn**

SKIP   **Satzzeiger um 1 Satz nach hinten**

```
. USE autos
. SKIP +4
Satz Nr.        5
. DISPLAY
   Satz # FABRIKAT    TYP           HUBRAUM  PS KATALYSAT ZYLINDER
       5  BMW         318i             1800 102 .T.              4
. SKIP 13
Satz Nr.       18
. DISPLAY
   Satz # FABRIKAT    TYP           HUBRAUM  PS KATALYSAT ZYLINDER
      18  Ford        Escort XR3i      1600 105 .F.              4
. SKIP -5
Satz Nr.       13
. DISPLAY
   Satz # FABRIKAT    TYP           HUBRAUM  PS KATALYSAT ZYLINDER
      13  VW          Golf GTI         1800 112 .T.              4
. SKIP
Satz Nr.       14
. DISPLAY
   Satz # FABRIKAT    TYP           HUBRAUM  PS KATALYSAT ZYLINDER
      14  VW          Golf CL          1600  75 .T.              4
.
```

2.5 Ändern der Ordnungskriterien (Indizieren)

Bei vielen Auswertungen und Ergebnislisten ist nicht nur der
Informationsgehalt von Bedeutung, sondern auch die Reihenfolge der
Sätze. In der Datenbankdatei "autos.dbf" sind die Sätze in der Reihenfolge
abgespeichert wie sie mit dem **APPEND-Befehl** eingegeben worden sind.
Im folgenden wollen wir uns damit befassen, wie für eine bestimmte
Aufgabenstellung diese Reihenfolge geändert werden kann.

So ist es zum Beispiel sinnvoll, den Datenbestand in der alphabetischen
Reihenfolge des Fabrikats oder nach der Anzahl Zylinder zu ordnen.
dBASE III ermöglicht das Indizieren des Datenbestandes, d. h. es wird in
einer separaten Datei festgehalten, in welcher Reihenfolge die
Datenbankdatei geordnet ist.

Diese sogenannte Indexdatei mit der Namenserweiterung "NDX" enthält
lediglich die Information, welche Reihenfolge oder Satzordnung die
Datenbank für ein vorgegebenes Ordnungskriterium hat.

Auf einer dBASE III-Datenbankdatei können bis zu 7 unterschiedliche
Indexdateien definiert werden:

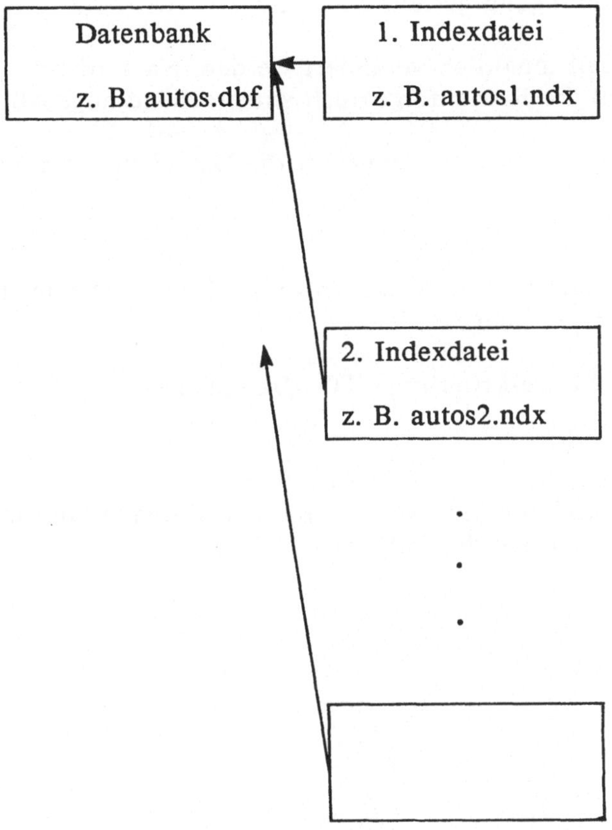

max. 7 Indexdateien

Bild 2.1

Die Indexdateien haben die Namenserweiterung "NDX" und der frei-
wählbare Name wurde hier so ausgewählt, daß man die Indexdateien und
zugehörige Datenbank schnell erkennen kann. Für die Indexverarbeitung
sind einige Punkte zu berücksichtigen bzw. durchzuführen:

1. Für eine Datenbank muß ein Ordnungskriterium definiert und in einer Indexdatei abgelegt werden.

2. Eine Datenbank soll in einer vorher definierten Reihenfolge dem Anwender zur Verfügung gestellt werden.

3. Die Datenbank soll inhaltlich verändert werden. Nach diesen Änderungen muß die Reihenfolge auch entsprechend angepaßt sein.

Für den ersten Punkt müssen wir zunächst die Datenbank eröffnen:

USE autos

Das Ordnungskriterium für die Reihenfolge des Datenbestandes kann auch als Schlüssel bezeichnet werden.

INDEX ON <Schlüsselkriterium> TO <Dateiname>

Beispiel:

Es soll eine Indexdatei angelegt werden, die den Datenbestand in der alphabetischen Reihenfolge des Fabrikats festhält:

```
. INDEX ON fabrikat TO autos1
    20 Sätze indiziert
. LIST
Satz #  FABRIKAT    TYP            HUBRAUM  PS KATALYSAT ZYLINDER
     5  BMW         318i            1800 102 .T.              4
     6  BMW         320i            2000 125 .T.              6
     7  BMW         520i            2000 125 .T.              6
     8  BMW         524td           2443 115 .F.              6
    17  Ford        Fiesta L        1100  50 .F.              4
    18  Ford        Escort XR3i     1600 105 .F.              4
    19  Ford        Sierra L        1800  90 .F.              4
    20  Ford        Sierra XR4i     2000 150 .T.              6
     1  Mercedes    190             1997 105 .T.              4
     2  Mercedes    190E            1997 122 .T.              4
     3  Mercedes    230E            2299 136 .T.              4
     4  Mercedes    300E            2962 190 .T.              6
     9  Opel        Kadett GSI      1800 115 .T.              4
    10  Opel        Corsa L         1000  45 .F.              4
    11  Opel        Ascona C        1300  60 .F.              4
    12  Opel        Senator 3.0E    3000 180 .F.              6
    13  VW          Golf GTI        1800 112 .T.              4
    14  VW          Golf CL         1600  75 .T.              4
    15  VW          Scirocco GT     1600  75 .T.              4
    16  VW          Polo GT         1300  75 .T.              4
.
```

In der Ergebnisliste fällt die Numerierung (Satz #) auf. Die Numerierung
ist nun nicht mehr fortlaufend, sondern entsprechend der Reihenfolge,
die in den **INDEX-Befehl** vorgegeben wurde. In der Datenbankdatei
"autos.dbf" ist der Feldinhalt von **"fabrikat"** nicht eindeutig. Wir
benötigen daher noch ein weiteres Feld als Ordnungskriterium; in
unserem Fall soll dem Feld **"fabrikat"** das Feld **"typ"** als
Ordnungskriterium hinzugefügt werden.

Das bedeutet, daß die beiden Zeichenfolgen aneinandergehängt werden.
Der entsprechende Indexbefehl hat dann die Form

    INDEX ON fabrikat + typ TO autos1.

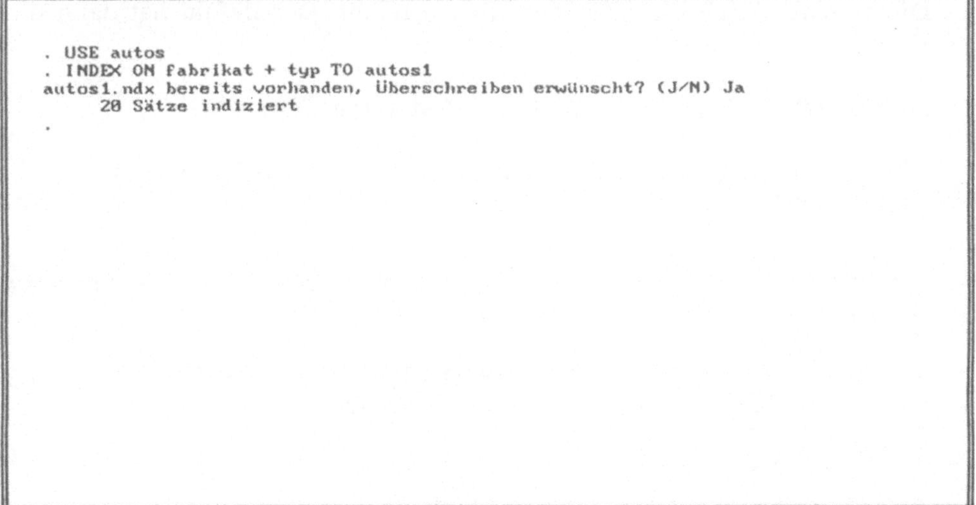

In diesem Fall werden wir gefragt, ob die Datei **"autos1.ndx"** überschrieben werden soll. Da diese Datei noch nicht die korrekte Form hat,
geben wir hier ein **"J"** für **"Ja"** ein.

Bei dem Ordnungskriterium wurden zwei Felder vom Typ **"Zeichenkette"** aneinandergehängt. Als nächstes soll im Ordnungskriterium
festgelegt werden, daß sich aus einem numerischen Feld und aus
Zeichenketten zusammensetzt.

Beispiel:

Die Datenbankdatei soll in folgender Reihenfolge geordnet werden:

- aufsteigend nach der Anzahl Zylinder;

- alphabetisch nach dem Fabrikat;

- alphabetisch nach dem Typ.

Da "Zylinder" nicht als Zeichenfolge sondern als zweistelliges numerisches Feld festgelegt wurde, muß in diesem Zusammenhang der Feldinhalt in eine Zeichenfolge umgewandelt werden.

Dieses wird durch die **STR-Funktion** erreicht. Der Befehl hat dann die Form:

INDEX ON STR (zylinder,2) + fabrikat + typ TO autos2

Für das zweite Ordnungskriterium benutzen wir die Indexdatei **"autos2.ndx"**.

```
. INDEX ON STR(zylinder,2) + fabrikat + typ TO autos2
     20 Sätze indiziert
. LIST
Satz #   FABRIKAT    TYP           HUBRAUM  PS KATALYSAT ZYLINDER
     5   BMW         318i            1800 102 .T.              4
    18   Ford        Escort XR3i     1600 105 .F.              4
    17   Ford        Fiesta L        1100  50 .F.              4
    19   Ford        Sierra L        1800  90 .F.              4
     1   Mercedes    190             1997 105 .T.              4
     2   Mercedes    190E            1997 122 .T.              4
     3   Mercedes    230E            2299 136 .T.              4
    11   Opel        Ascona C        1300  60 .F.              4
    10   Opel        Corsa L         1000  45 .F.              4
     9   Opel        Kadett GSI      1800 115 .T.              4
    14   VW          Golf CL         1600  75 .T.              4
    13   VW          Golf GTI        1800 112 .T.              4
    16   VW          Polo GT         1300  75 .T.              4
    15   VW          Scirocco GT     1600  75 .T.              4
     6   BMW         320i            2000 125 .T.              6
     7   BMW         520i            2000 125 .T.              6
     8   BMW         524td           2443 115 .F.              6
    20   Ford        Sierra XR4i     2800 150 .T.              6
     4   Mercedes    300E            2962 190 .T.              6
    12   Opel        Senator 3.0E    3000 180 .F.              6
```

Es soll nun wie in Punkt (2) festgelegt wurde, die Datenbank in einer
vorher definierten Reihenfolge zur Verfügung gestellt werden. Dazu muß
der **USE-Befehl** mit der **INDEX-Option** erweitert werden:

USE autos INDEX autos2

Die Verwendung der Indexdateien wirft die Frage auf, wie man
herausfindet, wie eine **NDX-Datei** indiziert ist.

Beispiel:

Es soll die Datenbankdatei **"autos.dbf"** mit den beiden oben definierten
NDX-Dateien eröffnet werden. Die Information wie die **NDX-Dateien**
indiziert wurden erhält man mit dem Befehl

DISPLAY STATUS

```
. USE autos INDEX autos1, autos2
. DISPLAY STATUS

Selektierte Datenbank
Selektierter Bereich : 1. Datenbank eröffnet - A:autos.dbf  ALIAS - AUTOS
        Indexdatei      - A:autos1.ndx  Schlüssel - fabrikat + typ
        Indexdatei      - A:autos2.ndx  Schlüssel - STR(zylinder,2) + fabrikat + ty
p

Weiter mit jeder Taste ...
```

Die in Punkt (3) angesprochene Problematik der Datenänderung und der
daraus eventuell resultierenden, geänderten Reihenfolge wird dadurch
gelöst, daß der **USE-Befehl** durch die **INDEX-Option** mit allen für diese
Datenbank definierten Indexdateien erweitert wird. Wir erhalten dann

    USE autos INDEX autos1, autos2.

Sämtliche Änderungen in der Datenbank werden automatisch in den
Indexdateien berücksichtigt.

Nun sollen noch die vielfältigen Möglichkeiten der Indizierung kurz
angesprochen werden.

Die Datenbank "**autos**" soll so indiziert werden, daß die Reihenfolge nach
der Zylinderanzahl aufsteigend und als weiteres Ordnungskriterium der
PS-Zahl absteigend ist.

Beide Felder sind vom Typ "**numerisch**" und können durch eine
Rechenoperation miteinander verknüpft werden. Die Festlegung der
Rechenoperation muß berücksichtigen, daß das Feld "**ps**" in absteigender
Reihenfolge geordnet ist. Das erreicht man, wenn die Differenz der
beiden Felder gebildet wird. Hierbei ist jedoch zu berücksichtigen, daß
das Feld "**zylinder**" das Hauptkriterium ist und daher entsprechend
gewichtet werden muß, da sonst die Ergebnisse nicht korrekt sind.

Wir nehmen der Einfachheit einen Faktor von 1000 an und erhalten als
Schlüsselwort:

    1000 * Zylinder - ps

Für den BMW 318i erhalten wir: 1000 * 4 - 102 = 3898
und für den VW Golf GTI   : 1000 * 4 - 122 = 3888.

Daraus folgt, daß der VW Golf GTI vor dem BMW 318i in der
Reihenfolge steht.

USE autos

öffnet die Datenbankdatei und man erstellt dann die Indexdatei:

```
. INDEX ON 1000*zylinder - ps TO autos5
    20 Sätze indiziert
. LIST
Satz #  FABRIKAT   TYP            HUBRAUM  PS KATALYSAT ZYLINDER
     3  Mercedes   230E             2299 136 .T.              4
     2  Mercedes   190E             1997 122 .T.              4
     9  Opel       Kadett GSI       1800 115 .T.              4
    13  VW         Golf GTI         1800 112 .T.              4
     1  Mercedes   190              1997 105 .T.              4
    18  Ford       Escort XR3i      1600 105 .F.              4
     5  BMW        318i             1800 102 .T.              4
    19  Ford       Sierra L         1800  90 .F.              4
    14  VW         Golf CL          1600  75 .T.              4
    15  VW         Scirocco GT      1600  75 .T.              4
    16  VW         Polo GT          1300  75 .T.              4
    11  Opel       Ascona C         1300  60 .F.              4
    17  Ford       Fiesta L         1100  50 .F.              4
    10  Opel       Corsa L          1000  45 .F.              4
     4  Mercedes   300E             2962 190 .T.              6
    12  Opel       Senator 3.0E     3000 180 .F.              6
    20  Ford       Sierra XR4i      2800 150 .T.              6
     6  BMW        320i             2000 125 .T.              6
     7  BMW        520i             2000 125 .T.              6
     8  BMW        524td            2443 115 .F.              6
.
```

2.6 Zugriff über einen Index

Bei der Indexverarbeitung werden neben der Datenbankdatei (hier: **autos.dbf**) auch Indexdateien (hier: **autos1.ndx**,...) angelegt. Diese Indexdateien halten auf der einen Seite die Reihenfolge der Datensätze fest. Außerdem ermöglichen es diese Dateien, eine Information direkt aufzufinden; man erhält damit die Möglichkeiten, die vom **LOCATE-Befehl** bereits bekannt sind, wobei bei der Indexverarbeitung die Datenbankdatei nicht Satz für Satz durchlaufen wird bis die Information gefunden wurde, sondern über die Indexdatei ein direkter Verweis auf den Satz vorgenommen wird, der die Information enthält.

Der Befehl für den Datenzugriff über die Indexdatei lautet:

    SEEK <Ausdruck>

Der Ausdruck, der im **SEEK-Befehl** spezifiziert wird, kann eine Variable oder eine Konstante sein. Das folgende Beispiel bezieht sich auf die Datenbank "autos" und den in **2.5** definierten Index "**autos1.ndx**", der über die Felder "**Fabrikat**" und "**Typ**" definiert wurde:

Beispiel:

In der Datenbankdatei "**autos.dbf**" soll das Fabrikat "**BMW**" gesucht werden. Es soll zuerst mit dem **LOCATE-Befehl** positioniert werden. Als zweite Möglichkeit soll der **SEEK-Befehl** verwendet werden. Da die Schlüsselfelder "**fabrikat**" und "**typ**" als Zeichenketten definiert wurden, muß der Ausdruck im **SEEK-Befehl** auch als Zeichenkette festgelegt werden.

Es ist hier auch möglich über einen verkürzten Schlüssel zuzugreifen, d.
h. die Angabe **"typ"** kann entfallen, außerdem kann auch der Inhalt eines
Feldes verkürzt werden.

```
. USE autos INDEX autos1
. LOCATE FOR fabrikat = ''BMW''
Satz =         5
. DISPLAY
 Satz #  FABRIKAT    TYP              HUBRAUM  PS KATALYSAT ZYLINDER
      5  BMW         318i                1800 102 .T.             4
 .
 .
 .
 .
. SEEK ''BMW''
. DISPLAY
 Satz #  FABRIKAT    TYP              HUBRAUM  PS KATALYSAT ZYLINDER
      5  BMW         318i                1800 102 .T.             4
 .
```

Als nächstes soll auf den vollständigen Schlüssel zugegriffen werden. Wir
wählen dazu den **"Mercedes 300E"**. Wichtig ist hierbei die
Berücksichtigung der Feldlängen, d. h. die Ziffer **"3"** muß an der Stelle
11 stehen, da daß Feld **"fabrikat"** 10stellig ist und **"typ"** an der Stelle 11
beginnt.

Es soll außerdem der erste **"BMW"** aus der Baureihe 5 gesucht werden.
Hier sind die sieben Leerzeichen zwischen dem **"W"** und der **"5"** zu
beachten.

Wird ein Suchbegriff angegeben, der nicht gespeichert ist (hier: Toyota),
so erscheint die Meldung:

Nicht gefunden

```
. SEEK 'Mercedes  300E''
. DISPLAY
Satz #  FABRIKAT     TYP          HUBRAUM  PS KATALYSAT ZYLINDER
     4  Mercedes     300E            2962 190 .T.              6
. SEEK ''BMW        5''
. DISPLAY
Satz #  FABRIKAT     TYP          HUBRAUM  PS KATALYSAT ZYLINDER
     7  BMW          520i            2000 125 .T.              6
. SEEK ''Toyota''
Nicht gefunden
. DISPLAY
Satz #  FABRIKAT     TYP          HUBRAUM  PS KATALYSAT ZYLINDER
.
```

Beim Einsatz des **SEEK-Befehls** ist zu beachten:

1. Dieser Befehl eignet sich für den Zugriff auf größere Datenbestände. Während der **LOCATE-Befehl** Satz für Satz die Datenbank
   durchläuft, wobei jeweils geprüft wird, ob die Auswahlkriterien
   erfüllt sind, wird beim **SEEK-Befehl** der Zugriff über die Indexdatei direkt vorgenommen.

2. Der **SEEK-Befehl** bezieht sich immer auf die gesamte Datenbank.

3. Alphanumerische Suchbegriffe müssen in Anführungszeichen eingeschlossen werden. Ist der Suchbegriff eine Speichervariable, so
   muß diese Variable als Zeichenkette festgelegt sein. Entsprechendes
   gilt für numerische Felder.

4. Wird der Suchbegriff nicht in seiner vollständigen Länge angegeben, so wird auf den ersten Satz positioniert, der mit diesem
verkürzten Schlüssel übereinstimmt.

Der Zugriff soll im folgenden über einen numerisch aufgebauten Index
vorgenommen werden.

Der Index "autos5.ndx" wurde folgendermaßen festgelegt:

1000 * Zylinder - ps

Beispiel:

Für ein Fahrzeug mit 4 Zylindern und 50 PS erhalten wir den
Schlüsselausdruck:

4 * 1000 - 50 = 3950

Der Schlüsselausdruck darf nicht in Anführungszeichen stehen, da sonst
die Meldung erscheint:

Ungültiges Datenformat

Desweiteren kann man nicht sinnvoll auf einen verkürzten Schlüssel
zugreifen, da keine Zeichenketten vorliegen:

```
. USE autos INDEX autos5
. SEEK ''3950''
Ungültiges Datenformat
              ?
SEEK ''3950''
Wünschen Sie HILFE? (J/N) Nein
. SEEK 3950
. DISPLAY
 Satz # FABRIKAT    TYP            HUBRAUM  PS KATALYSAT ZYLINDER
     17  Ford       Fiesta L         1100  50 .F.              4
. SEEK 395
Nicht gefunden
.
```

dBASE III kennt noch einen weiteren Befehl für die Indexmarkierung.
Der **FIND-Befehl** arbeitet ähnlich wie der **SEEK-Befehl**, er ist allerdings
nicht so leistungsstark.

Dieser Befehl ist bereits in dBASE II vorhanden und wurde aus Gründen
der Verträglichkeit der beiden dBASE-Versionen übernommen.

2.7 Indexverarbeitung oder Sortieren

Mit der Indexverarbeitung läßt sich eine Datenbankdatei sehr einfach in ihrer Reihenfolge verändern. Eine weitere Möglichkeit stellt das Sortieren dar; in diesem Fall wird die gesamte Datenbank nach einem zuvor definierten Kriterium umgeordnet. Beim Sortieren wird eine Kopie der Ursprungsdatenbank erstellt. Nachträgliche Änderungen in der Ursprungsdatei werden nicht in der sortierten Kopie übernommen. Ein erneuter Sortiervorgang wird benötigt. Der **SORT-Befehl** hat die Syntax:

SORT <Bereich> TO [<neue Datei>] ON <Feld>

[/A] [/C] [/D] [,<Feld2> [/A] [/C] [/D] ...]

[FOR/WHILE <Bedingung>]

Bedeutung der Optionen:

/A aufsteigende Sortierreihenfolge (ascending)

/D absteigende Sortierreihenfolge (descending)

C in Verbindung mit **/A** oder **/D** besagt, daß beim Sortieren nicht zwischen Klein- und Großschreibung unterschieden werden soll.

Beispiel:

Die Datenbankdatei "autos" soll sortiert und in sortierter Form als Datenbankdatei "autosort" gespeichert werden. Das Sortierkriterium ist das Feld **"Zylinder"** aufsteigend, das Feld **"ps"** absteigend.

USE autos

SORT TO autosort ON zylinder /A, ps /D

dBASE III meldet wieviel Prozent der Datenbankdatei sortiert wurde und
die entsprechende Anzahl der Sätze. Das Ergebnis des Sortiervorgangs ist
auf dem folgen Bildschirmandruck zu sehen:

```
  100% sortiert        20 Sätze sortiert
. USE autosort
. LIST
Satz #    FABRIKAT    TYP             HUBRAUM  PS KATALYSAT ZYLINDER
     1    Mercedes    230E               2299 136 .T.             4
     2    Mercedes    190E               1997 122 .T.             4
     3    Opel        Kadett GSI         1800 115 .T.             4
     4    VW          Golf GTI           1800 112 .T.             4
     5    Ford        Escort XR3i        1600 105 .F.             4
     6    Mercedes    190                1997 105 .T.             4
     7    BMW         318i               1800 102 .T.             4
     8    Ford        Sierra L           1800  90 .F.             4
     9    VW          Scirocco GT        1600  75 .T.             4
    10    VW          Polo GT            1300  75 .T.             4
    11    VW          Golf CL            1600  75 .T.             4
    12    Opel        Ascona C           1300  60 .F.             4
    13    Ford        Fiesta L           1100  50 .F.             4
    14    Opel        Corsa L            1000  45 .F.             4
    15    Mercedes    300E               2962 190 .T.             6
    16    Opel        Senator 3.0E       3000 180 .F.             6
    17    Ford        Sierra XR4i        2000 150 .T.             6
    18    BMW         520i               2000 125 .T.             6
    19    BMW         320i               2000 125 .T.             6
    20    BMW         524td              2443 115 .F.             6
.
```

Wird der Sortiervorgang mit derselben Zieldatei wiederholt, so erscheint
die Meldung:

B:
autosort.dbf bereits vorhanden, überschreiben erwünscht? (J/N)

Insgesamt sind noch die folgenden Punkte zu berücksichtigen:

- Die sortierte Datei ermöglicht dann ein schnelles und einfaches
  Auswerten, wenn die einzelnen Sätze in ihrer Reihenfolge
  nacheinander abgearbeitet werden.

- Weil die Datenbank für jedes Sortierkriterium vollständig auf dem Datenträger vorhanden ist, sollte der Platzbedarf berücksichtigt werden.

- Bei größeren Datenbeständen unter Berücksichtigung der
  momentanen Hardware-Voraussetzungen von Prozessorleistung und
  Zugriffszeit auf den externen Speicher sollten spätestens bei
  mehr als 1000 Sätzen die Indexdateien nicht bei jedem Eröffnen
  der Datenbank neu aufgebaut werden. Sinnvoll ist vielmehr, beim
  Entwurf der Datenbank auch die Indexkandidaten herauszuarbeiten
  und die entsprechenden Indexdateien zu definieren.

- Selbst wenn Zeichenketten sortiert werden, die Umlaute bzw. "ß"
  enthalten, werden diese Zeichenketten in der richtigen alphabetischen Reihenfolge sortiert. Das ist deshalb interessant,
  da der zugrundeliegende **ASCII-Code** diese Zeichen
  nicht an den entsprechenden Stellen abgelegt hat. Sowohl beim
  Indexverfahren wie auch beim Sortieren wird in der deutschen
  Version von dBASE III die Reihenfolge der Zeichen an das
  deutschsprachige Alphabet angepaßt.

2.8 Kapitelzusammenfassung

In diesem Kapitel wurden die Grundlagen der Datenbankanwendung besprochen. Nach den Überlegungen zur Struktur des Datenbestandes, wurde die Datenbank mit

CREATE autos

festgelegt. dBASE III bietet eine Reihe von Möglichkeiten, Datenbankinhalte zu pflegen.

Mit den Befehlen

INSERT

oder

APPEND

können Daten eingesetzt und ergänzt werden.

Die Daten können mit

EDIT

bzw.

BROWSE

verändert und mit

DELETE (Löschkennzeichen setzen);

PACK (Löschung endgültig durchzuführen).

gelöscht werden.

Mit dem Befehl

RECALL

kann das Löschkennzeichen wieder entfernt werden.

Mit dem **ZAP-Befehl** kann man sämtliche Sätze einer Datenbankdatei löschen.

dBASE III bietet folgende Zugriffsmöglichkeiten:

- satzweiser Zugriff über **LOCATE** mit nachfolgendem **CONTINUE**;

- direkter Zugriff mit **SEEK** über einen Index.

Die Indizierung ermöglicht, daß die Datenbank für die entsprechende Anwendung in einer bestimmten Reihenfolge geordnet ist. Mit dem **SORT-Befehl** wird eine sortierte Kopie der Datenbankdatei erstellt.

3 Datenbankanwendung: Die nächsten Schritte

In diesem Kapitel werden die erweiterten Möglichkeiten einer Datenbankanwendung behandelt. Diese Möglichkeiten beziehen sich insbesondere auf:

— das Anwenden eingebauter Funktionen für die Datenumwandlung und Datenveränderung;

— die Ausgabe der Datenbankinhalte über den Reportgenerator oder die Etikettenerstellung;

— den Einsatz elementarer statistischer Funktionen wie Summien, Zählen und Durchschnittsbildung;

— die Ausführung von dBASE III-Anweisungen über eine menügeführte Anwendungsauswahl.

3.1 Anwenden der eingebauten Funktionen

In vielen Anwendungsfällen ist der Einsatz von speziellen Funktionen sinnvoll und notwendig:

- Bei der Berechnung der Mehrwertsteuer hat das Ergebnis mehr als
  2 Nachkommastellen und soll auf 2 Stellen gerundet werden.

- Es soll das aktuelle Datum verarbeitet und von diesem
  Datum der Wochentag und der Monat ermittelt werden.

- Aus einer Namensangabe soll der Vorname entnommen werden.

Die Funktionen sind Bestandteil von dBASE III und lassen sich nach folgenden Funktionsgruppen ordnen:

1. Datum und Zeit;

2. Zeichenkettenverarbeitung;

3. mathematische Funktionen;

4. Umwandlung;

5. besondere Tests.

Eine vollständige Liste der eingebauten Funktionen befindet sich im Anhang. Im folgenden soll eine Auswahl der Funktionen erklärt und anhand von Beispielen erläutert werden.

1. Datum und Zeit

Das von der Maschine zur Verfügung gestellte Datum soll einer Datumsvariablen im dBASE III zugeordnet werden. Die Zuordnung kann mit der Funktion

> **DATE ()**

vorgenommen werden. Wichtig von der Schreibweise ist nach dem englischen Schlüsselwort "DATE" für Datum die geöffnete und geschlossene runde Klammer. Zwischen den beiden Klammern muß bei bestimmten Funktionen ein Übergabewert stehen, der bei dieser Funktion nicht sinnvoll und zulässig ist.

Der Befehl

   datum = DATE ()

ordnet der Datumsvariablen **"datum"** das Systemdatum in der Form

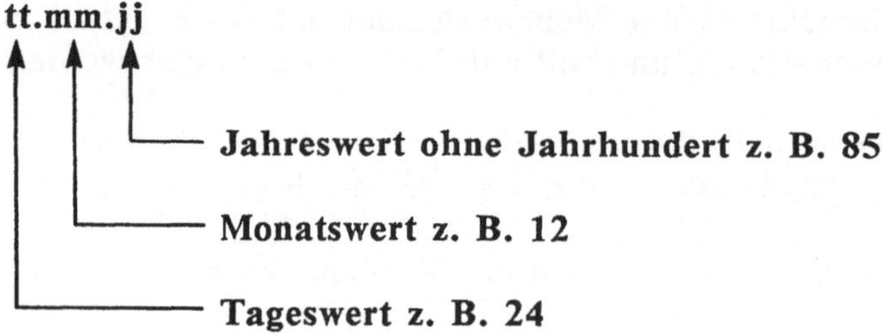

zu.

Beispiel: 24.12.85

Durch diese Zuordnung ist die Variable **"datum"** als Datumsvariable definiert worden, und kann für weitere Datumsfunktionen verwendet werden:

MONTH (<Datumsvariable>)
ermittelt den Monatswert (1-12) für das vorgegebene Datum.

CMONTH (<Datumsvariable>)
ermittelt den Monat in ausgeschriebener Form (Januar-Dezember)

DOW (<Datumsvariable>)
ermittelt den Tag (1-7) in der Woche. Die Zahl 1 steht für Sonntag, 2 für Montag, 3 für Dienstag usw.

CDOW (<Datumsvariable>)
ermittel den Wochentag in ausgeschriebener Form:

```
.  datum=DATE()
24.12.85
.  ?MONTH(datum)
 12
.  ?CMONTH(datum)
Dezember
.  ?DOW(datum)
 3
.  ?CDOW(datum)
Dienstag
.
```

2. Zeichenkettenverarbeitung

Aus einer vorgegebenen Zeichenkette kann eine Teilzeichenkette
entnommen oder extrahiert werden; die Syntax dazu lautet:

SUBSTR (<Zeichenkette>,<Anfangsposition>[,<Länge>])

SUBSTR ist die Abkürzung von Substring und bezeichnet die spezielle
Funktion. An erster Stelle benötigt die Funktion die Angabe der
Zeichenkette, aus der die Teilzeichenkette entnommen werden soll. Als
nächstes folgt die Anfangsposition für die Entnahme; fehlt die
Längenangabe, wird die Zeichenkette bis zum Ende entnommen,
anderenfalls die Anzahl Zeichen, die durch die Längenangabe vorgegeben
wird:

    vorname = SUBSTR ("Meier Wolfgang", 7, 8)

ergibt für die Zuordnung

    vorname = "Wolfgang"

3. Mathematische Funktionen

Bei den mathematischen Funktionen bietet dBASE III die Möglichkeiten,
die auch von den herkömmlichen Programmiersprachen wie BASIC oder
FORTRAN einzusetzen sind.

Mit der Funktion "**ROUND**" wird eine angegebene Zahl auf eine Anzahl von Dezimalstellen gerundet.

ROUND (<Wert, i>)

i steht für die Anzahl der Dezimalstellen. So erhält man für 2 einen gerundeten Wert auf die 2. Nachkommastelle

x = ROUND (1.344,2) ergibt

1.34

```
. netto=1234.34
1234.34
. brutto=netto*1.14
        1407.1476
. brutto_r=ROUND(brutto,2)
        1407.1500
. DISPLAY MEMORY
NETTO         lokal (priv)  N        1234.34  (        1234.34000000)
BRUTTO        lokal (priv)  N        1407.1476 (        1407.14760000)
BRUTTO_R      lokal (priv)  N        1407.1500 (        1407.15000000)
    3 Variable definiert,       27 BYTES benutzt
  253 Variable verfügbar,     5973 BYTES verfügbar
.
```

4. Umwandlung

Falls mit unterschiedlichen Variablentypen gearbeitet wird und diese in einem Befehl gemeinsam verwendet werden sollen, ist es notwendig diese Variable typmäßig anzugleichen. Dieses Verfahren wurde bereits bei der Indexverarbeitung für den Fall eingesetzt, daß ein Index über einer Zeichenkettenvariablen und einer numerischen Variablen definiert wurde.

Hierbei ist es notwendig, daß die numerische Variable in eine Zeichenkettenvariable umgewandelt wird. Dieses läßt sich mit der **STR-Funktion** realisieren, die folgende Form hat:

STR (<Ausdruck>[,<Länge>[,<Dezimalstellen>]])

Hierbei ist "Ausdruck" die numerische Variable, die umgewandelt werden soll. Die Länge der Zeichenkette, der der umgewandelte Inhalt zugeordnet wird, wird mit der Angabe "Länge" in Zeichen festgelegt. Mit der Angabe "Dezimalstellen" kann ggf. die Anzahl der Nachkommastellen festgelegt werden.

Beispiel:

Eine numerische Variable x mit dem Wert 12.34 soll einer Zeichenkettenvariable ohne Nachkommastellen zugeordnet werden.

x = 12.34

ohne = STR (x)   **-> ohne = "   12"**

mit   **-> mit**
3 = STR (x,7,3)   **3 = "   12.340"**

Fehlt die Längenangabe, so wird eine Standardlänge von 10 Zeichen angenommen. Bei fehlender Dezimalstellenanzahl wird standardmäßig null angenommen.

Mit der **LOWER-Funktion** (low: englisch für klein) können die Zeichen einer Zeichenkette von Großbuchstaben in Kleinbuchstaben umgewandelt werden.

Syntax: **LOWER (<Zeichenkette>)**

Beispiel:

Einer Variablen "klein" soll eine Zeichenkette "groß" zugeordnet werden,
wobei die Großbuchstaben in Kleinbuchstaben umgewandelt werden
sollen.

    gross = "dBASE3"
    klein = LOWER (gross)

    ergibt

    klein = "dbase3"

Funktionen wiederum können selbst als Übergabewerte einer Funktion
verwendet werden.

Beispiel:

Ein fünfstelliger Name soll so umgewandelt werden, daß einem groß-
geschriebenen Anfangsbuchstaben der Rest des Namens in Kleinbuchstaben folgt.

```
. name = "MEIER"
. gkname = SUBSTR(name,1,1) + LOWER(SUBSTR(name,2,4))
. ? gkname
Meier
.
```

5. Besondere Tests

Mit diesen Funktionen können spezielle Datenbank- oder Statusinformationen ermittelt werden.

- Nach einem **LOCATE-Befehl** soll überprüft werden, ob die Information gefunden wurde oder ob die gesamte Datenbankdatei
  durchgesucht wurde. Im zweiten Fall befindet man sich am Ende
  der Datenbankdatei (**End of File = EOF**)
- Wurde die Information nicht gefunden, so befindet sich der
  Positionszeiger hinter dem letzten Satz. Die Satznummer oder
  Recordnumber (**RECNO**) ist in diesem Fall 21.

Insgesamt erhält man:

Ende der Datenbank	**EOF ()**	liefert einen logischen Wert .T. das Ende wurde erreicht .F. das Ende ist noch nicht erreicht
Satznummer	**RECNO ()**	liefert die aktuelle Satznummer

Beispiel:

```
. USE autos
. LOCATE FOR zylinder = 12
Ende des LOCATE-Bereiches
. ? EOF(), RECNO()
.T.      21
```

3.2 Erstellen von Ausgabelisten (REPORT)

Die Ausgabelisten, die bisher mit dBASE III erstellt wurden, sind eher für
den internen Gebrauch bestimmt. Falls diese Ausgabelisten auch von
Dritten benötigt werden, sollten einige Punkte erfüllt sein:

- Bei mehrseitigen Listen soll die Ausgabe auf dem
  Drucker seitenweise erfolgen;

- das Tagesdatum soll auf der Liste stehen;

- die Ausgabeliste soll mit einem ausführlichen
  Überschriftsblock vervollständigt werden;

- die Inhalte der Datenelemente sollen mit einer
  aussagekräftigen Spaltenüberschrift versehen
  werden;

- falls gewünscht, können Zwischensummen gebildet
  werden.

Diese Anforderungen an die vom Anwender selbst definierten
Ausgabelisten sind in dBASE III im Reportgenerator weitgehend realisiert.

Insgesamt gliedert sich das Arbeiten mit dem Reportgenerator in drei
separate Schritte:

- Definieren des formalen Ausbau des Reports;

- Ausgabe des Reports auf Bildschirm oder Drucker;

- Ändern des formalen Aufbaus der Reports.

Für die Definition des Reports muß zunächst eine Datenbank eröffnet
werden. Der Reportgenerator wird mit dem Befehl

CREATE REPORT <Dateiname>

aufgerufen.

Standardmäßig wird von dBASE III die Namenserweiterung "FRM" für
die Reportdatei angehängt. Den Dateinamen sollte man so wählen, daß
eine Zuordnung zur ausgewerteten Datenbank einfach herzustellen ist.

Für unser Beispiel geben wir ein:

USE autos

CREATE REPORT autos1

Die Reportdatei erhält die Namenserweiterung "FRM" und unterscheidet sich dadurch von der Indexdatei **"autos1"**, die die Namenserweiterung "NDX" erhalten hat.

Mit der **F1-Taste** (Hilfetaste) wird im oberen Bildschirmteil die Struktur der Datenbankdatei angezeigt. Die erste Bildschirmmaske des Reportgenerators hat dann den Aufbau:

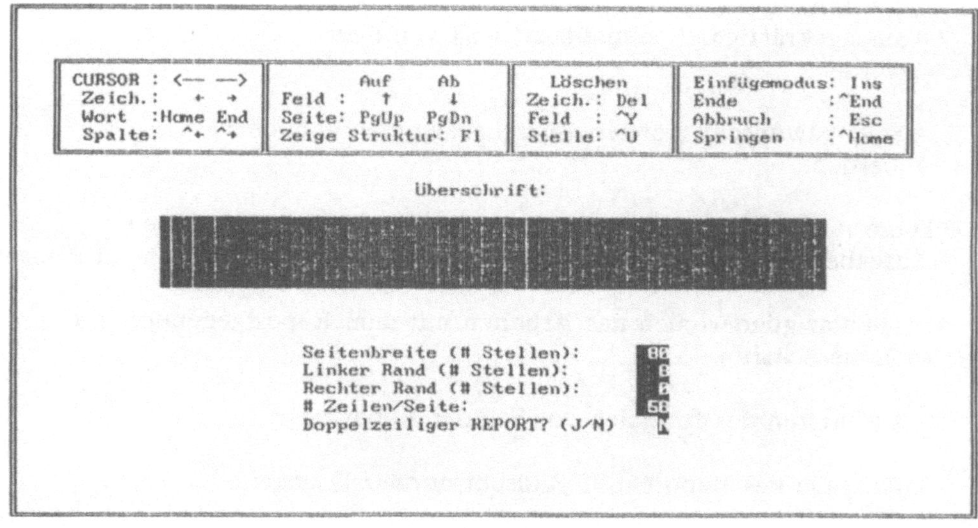

In diese Bildschirmmaske kann eine mehrzeilige Überschrift eingetragen werden, die dann im Kopf jeder Ausgabeseite wiederholt wird. Die nächsten Angaben beziehen sich auf das Papierformat und sind standardmäßig angepaßt auf 80-stelliges Papier.

Zunächst wird die **F1-Taste** betätigt. Dadurch erreicht man, daß als Hilfestellung die Struktur der aktuellen Datenbankdatei im oberen Teil des Bildschirms angezeigt wird. Ein zweites Betätigen der **F1-Taste** bewirkt, daß auf dem Bildschirm wieder die Bedienung bestimmter Tasten erläutert wird.

In dieser Bildschirmmaske wird der Text für die gewünschte Berichtsüberschrift eingegeben. Außerdem kann hier die Seitenbreite mit der Anzahl von Schreibstellen festgelegt werden. Weitere Angaben beziehen sich auf den linken und rechten Schreibrand, die Anzahl Zeilen pro Seite und ob der Report doppelzeilig ausgegeben werden soll. Diese Angaben werden von dBASE III mit Standardwerten belegt und in dem Beispiel nicht verändert.

Man erhält die folgende Bildschirmmaske:

```
Struktur der Datei B:AUTOS.dbf

FABRIKAT    C   10   KATALYSAT   L   1
TYP         C   12   ZYLINDER    N   2
HUBRAUM     N    4
PS          N    3

                         Überschrift:

  Report für die Datenbank autos


            Seitenbreite (# Stellen):       80
            Linker Rand (# Stellen):         8
            Rechter Rand (# Stellen):        0
            # Zeilen/Seite:                 58
            Doppelzeiliger REPORT? (J/N)     N
```

Diese Angaben können der gewünschten Ausgabeform angepaßt werden.
Betätigt man nun die Taste **PgDn** (nächste Seite = Page down), erscheint
die zweite Bildschirmmaske:

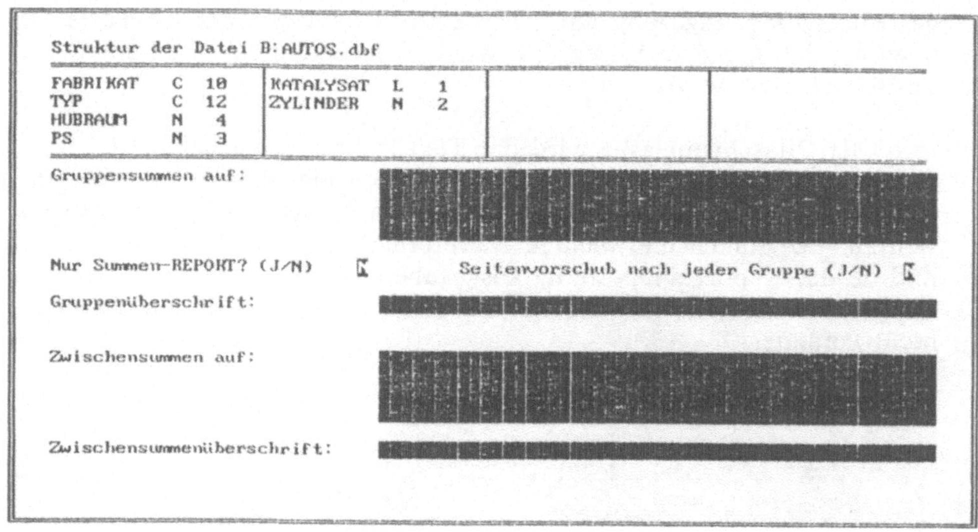

In dieser Bildschirmmaske kann nun eingetragen werden, ob bestimmte
Felder summiert und die Summe mit ausgegeben werden soll.

Enthält die Datenbank **"autos.dbf"** z. B. ein numerisches Feld

ANZAHL

in dem die Anzahl der Autos, die von diesem Typ produziert wurde
abgespeichert ist, so kann von diesem Feld eine Zwischensumme pro
Fabrikat gebildet werden.

Da diese Auswertung aber wenig sinnvoll ist, sollen die Möglichkeiten der
zweiten Bildschirmmaske nicht ausgenutzt werden und wir rufen mit
"PgDn" die nächste Bildschirmmaske auf:

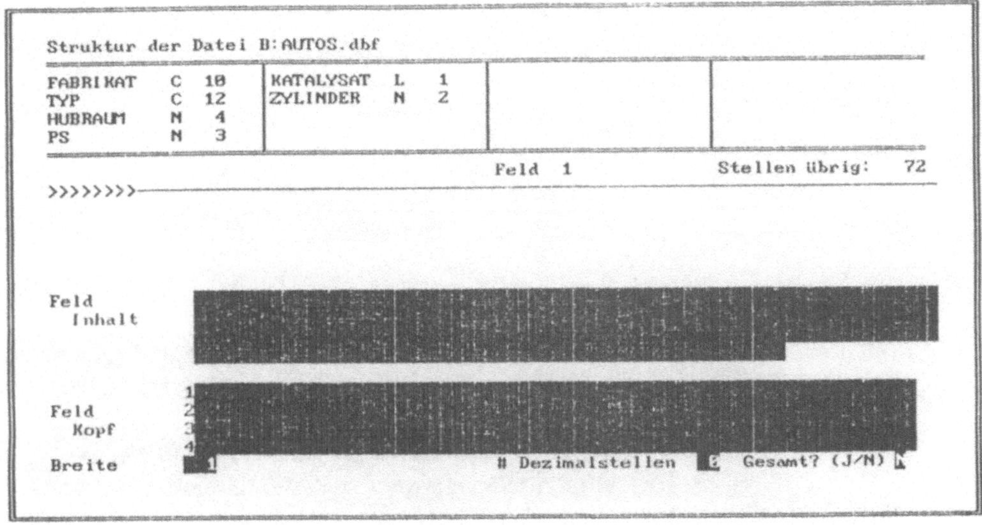

Mit dieser Bildschirmmaske kann die Spaltenbeschreibung vorgenommen
werden. In den ersten Bereich der Maske wird das gewünschte
Datenbankfeld eingetragen.

Nach Betätigung der **RETURN-Taste**, wird die Angabe **"Breite"** in der
Bildschirmmaske mit der entsprechenden Feldlängenangabe der Daten-
bank aktualisiert. Der Bereich **"Feld Kopf"** kann maximal eine vierzeilige
Spaltenüberschrift enthalten.

Die Angabe "# Dezimalstellen" ermöglicht es, bei numerischen Feldern die
Anzahl der Nachkommastellen neu festzulegen. Da es sich bei unserem
ersten Feld um eine Zeichenkette handelt, können wir hier ebensowenig
wie in dem Bereich "Gesamt (J/N)?" für eine Aufsummierung eine
Änderung vornehmen. Insgesamt sieht die Bildschirmmaske für die
Beschreibung der Spaltenbeschriftung dann wie folgt aus:

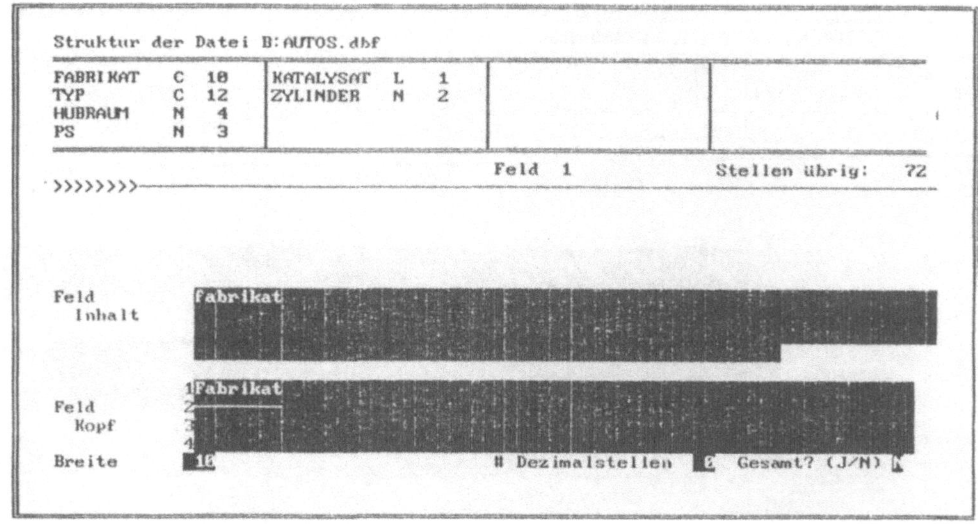

Mit der Taste **"PgDn"** wird nun die Bildschirmmaske für die zweite
Spaltenbeschreibung angezeigt. Außerdem wird ab jetzt im oberen Bereich
die Form der Spaltenausgabe mit angegeben:

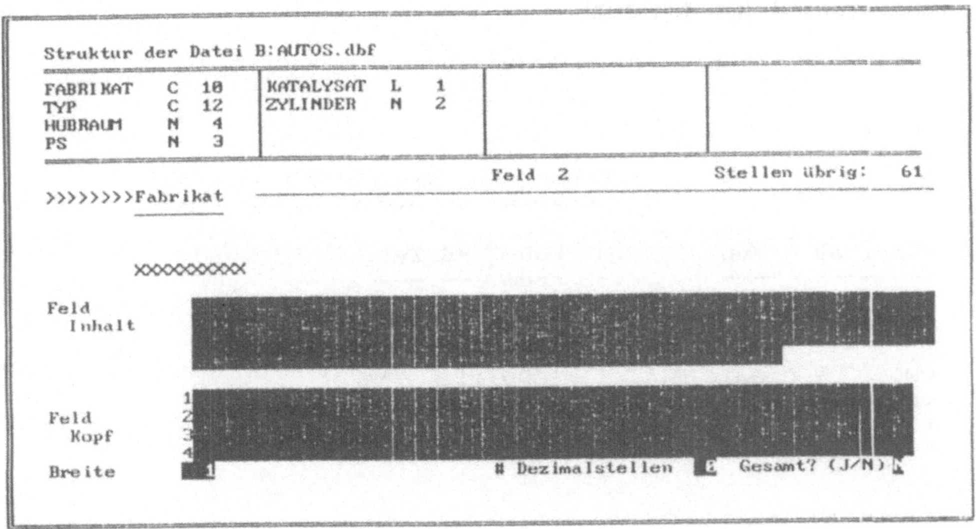

Es können nun die weiteren Ausgabespalten definiert werden. Wird zum
Abschluß keine Eingabe gemacht und nur **"PgDn"** betätigt, so wird die
Berichtsmaske als Datei mit der Namenserweiterung **"FRM"** gespeichert.

Der Report kann mit dem Befehl:

REPORT FORM <dateiname> [FOR <Ausdruck>] [TO PRINT]

zur Ausführung gebracht werden. Dieser Befehl bietet noch eine Reihe
von Optionen, die im Anhang vollständig aufgeführt sind.

Mit der **FOR-Klausel** kann die Ausgabe selektiert werden und mit dem Zusatz "TO PRINT" die Ausgabe auf den Drucker gelegt werden.

Der Befehl hat dann die Form:

REPORT FORM autos1 FOR fabrikat = "VW" TO PRINT

In diesem Fall wird die Ausgabe auf das Fabrikat "VW" eingeschränkt und hat die folgende Form:

```
Seitennr.        1
12.11.85
                         Report für die Datenbank autos
                         ===================================

Fabrikat      Typ           Hub-   PS Zyl.
---------     ---           raum   -- ----
                            ----


VW            Golf GTI      1800 112    4
VW            Golf CL       1600  75    4
VW            Scirocco GT   1600  75    4
VW            Polo GT       1300  75    4
```

Bei näherem Betrachten der Ausgabe kann sich herausstellen, daß
Änderungen am formalen Aufbau oder den Überschriften notwendig sind.
Mit dem Befehl

MODIFY REPORT autos1

erhält man die gleichen Bildschirmmasken wie mit dem Befehl

CREATE REPORT autos1.

Die Handhabung ist analog zum **CREATE-Befehl.** Sollen jetzt Ausgabespalten gelöscht oder eingefügt werden, so geschieht dies mit:

^Y löscht die gerade angezeigte Spalte

^N fügt eine neue Spalte ein

Weitere Editiermöglichkeiten werden direkt angezeigt, wenn die
F1-Taste betätigt wird.

3.3 Erstellen von Etiketten (LABEL)

Zu den Möglichkeiten der Datenausgabe zählt ein Befehl für das Erstellen
von Adressenaufklebern oder Etiketten. Zu der Aufgabenstellung **"Erstellen von Etiketten"** gehören die folgenden drei Punkte:

- Definieren des formalen Etikettenaufbaus;

- Etikettenausgabe auf Bildschirm oder Drucker veranlassen;

- Ändern des formalen Etikettenaufbaus.

Die typische Vorgehensweise zum Erstellen von Etiketten zeigt sich dann
folgendermaßen:

Die Etiketten werden entsprechend ihrer Abmessungen und Inhalten
definiert; hierzu ist es natürlich notwendig, daß bereits eine Datenbank
eröffnet ist.

Zunächst wird die gewünschte Datenbank eröffnet:

USE autos

Als kleiner Vorgriff auf das Arbeiten mit mehreren Datenbanken (siehe
Paragraph 6.1), soll an dieser Stelle die Möglichkeit angesprochen werden,
auch mehrere Datenbanken für die Etikettenerstellung im Zugriff zu
haben.

CREATE LABEL auto1

Mit diesem Befehl kann nun der formale Aufbau der Etiketten definiert
werden. Der Name **"auto1"** kann frei gewählt werden.

Es ist jedoch sinnvoll, den Namen so zu wählen, daß eine Beziehung zu
der auszuwertenden Datenbank herzustellen ist.

Befinden sich beispielsweise mehrere Datenbanken auf der Diskette oder
Platte, so sollte man Namen wie **"etikett"** vermeiden, da man über den
Namen keinerlei Bezug zu der Anwendung bzw. zu der Datenbank erhält.

Es erscheint als erstes folgende Eingabemaske:

```
CURSOR : <— —>              Auf    Ab        Löschen          Einfügemodus: Ins
  Zeich.:   ← →      Feld :   ↑     ↓         Zeich.: Del      Ende         :^End
  Wort  :Home End    Seite: PgUp  PgDn        Feld  : ^Y       Abbruch      : Esc
  Spalte:  ^← ^→     Zeige Struktur: Fl       Stelle: ^U       Menü:        :^Home


                   Breite des LABELs:          35
                   Höhe des LABELs:
                   Linker Rand:
                   Zeilen zwischen LABELs:      1
                   Platz zwischen LABELs:
                   LABELs nebeneinander:        1

Bemerkung:
```

Als nächstes werden nun die Abmessungen der Etiketten festgelegt. Die
Angaben erfolgen jeweils in Zeichen, bzw. in Zeilen; beim Druckereinsatz
ist also zu beachten, mit welchem Zeichensatz,
z. B. 10 Zeichen/Zoll und mit welchem Zeilenabstand gedruckt wird.

Desweiteren wird in die Bemerkungszeile noch kurz dokumentiert, um welches Label es sich handelt. Für den Einsatz von mehreren Label- definitionen ist es sinnvoll und notwendig in dieser Bemerkungszeile eine kurze Beschreibung des Labels festzuhalten. Die Bemerkungszeile dient nur der internen Dokumentation und wird nur bei der Erstellung oder der Änderung eines Labels angezeigt. Man erhält folgende Bildschirmmaske:

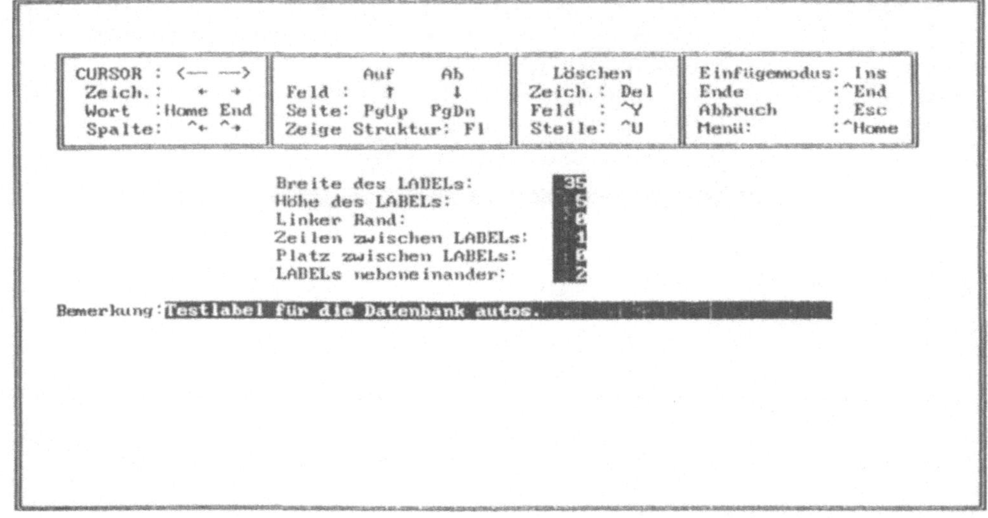

Betätigt man nun die **RETURN-Taste**, erscheint die zweite Maske, in der
die entsprechenden Inhalte angegeben werden. Außerdem wurde die **F1-
Taste** gedrückt, die in diesem Befehl als Hilfestellung die
Datenbankstruktur der aktuellen Datenbankdatei im oberen Bildschirmteil anzeigt. Diese Maske hat folgenden Aufbau:

```
Struktur der Datei B:AUTOS.dbf

FABRIKAT    C   10    KATALYSAT   L   1
TYP         C   12    ZYLINDER    N   2
HUBRAUM     N   4
PS          N   3


                1  'Fabrikat    :  '+fabrikat
                2  'Type        :  '+typ
LABEL           3  'Hubraum     :  '+STR(hubraum)
Inhalt:         4  'PS          :  '+STR(ps)
                5  'Zylinder    :  '+STR(zylinder)
```

In der ersten Zeile soll das Datenbankfeld **"fabrikat"** zusammen mit einem
erläuterten Text ausgegeben werden. Dieser beliebige Text muß in
Anführungszeichen eingerahmt werden; das nachfolgende
+-Zeichen hängt das Datenbankfeld an diesen Text.

Für die Ausgabe der Felder Hubraum, PS und Zylinder ist es notwendig,
das Datenbankfeld mit der Funktion **"STR"** in eine Zeichenkette
umzuwandeln, da der Inhalt zusammen mit einer Zeichenkette in einer
Zeile ausgegeben werden soll.

Sämtliche Labelinhalte werden sofort von dBASE III überprüft. Bei
eventuell auftretenden Fehlern sollte man die Schreibweise der
Datenbankfelder mit der Struktur der Datenbank vergleichen.

Nachdem man mit der **RETURN-Taste** den Labelaufbau bestätigt hat,
wird dieser auf dem aktuellen Laufwerk gespeichert und steht zur
Ausführung zur Verfügung. Die Ausführung erreicht man durch den
Befehl:

LABEL FORM auto1 FOR fabrikat = "BMW" TO PRINT

Die Auswahl wurde durch die **FOR-Klausel** eingeschränkt, so daß man
den folgenden Ausdruck erhält:

```
Fabrikat    : BMW               Fabrikat    : BMW
Type        : 318i              Type        : 320i
Hubraum     :         1800      Hubraum     :         2000
PS          :          102      PS          :          125
Zylinder    :            4      Zylinder    :            6

Fabrikat    : BMW               Fabrikat    : BMW
Type        : 520i              Type        : 524td
Hubraum     :         2000      Hubraum     :         2443
PS          :          125      PS          :          115
Zylinder    :            6      Zylinder    :            6
```

Sind nun am formalen Aufbau oder dem Etiketteninhalt Änderungen
vorzunehmen, so läßt sich dieses mit

MODIFY LABEL auto1

durchführen. Die beiden Bildschirmmasken und die Handhabung sind
analog zum Befehl

CREATE LABEL

aufgebaut und zu bedienen.

Beim Ausführen dieses Befehls erscheinen die gleichen Bildschirmmasken wie bei dem Befehl

CREATE LABEL

Auch die Handhabung unterscheidet sich nicht von diesem Befehl.

3.4 Weitere Datenanzeigen (AVERAGE, COUNT, SUM)

Die bisher angesprochenen Befehle für die Datenanzeige wie **LIST** oder
DISPLAY haben die Informationen in der Form dargestellt, wie sie in der
Datenbank vorgehalten werden. dBASE III bietet darüber hinaus weitere
Möglichkeiten der Anzeige wie:

- Errechnen des arithmetischen Mittelwerts über die numerischen
  Felder (AVERAGE);

- die Anzahl Sätze ermitteln, die einer angegebenen Bedingung ent-
  sprechen (COUNT);

- errechnen der Summe eines numerischen Feldes (SUM).

Die Anwendung soll zunächst an dem **COUNT-Befehl** erläutert werden:

COUNT [FOR <Bedingung>] [TO <Variable>]

Die Einsatzmöglichkeit und die Syntax für die beiden anderen Befehle
AVERAGE und **SUM** ist zum **COUNT-Befehl** ähnlich.

Nach dem Schlüsselwort **COUNT** kann eine einschränkende Bedingung in
der **FOR-Klausel** spezifiziert werden. Falls das Ergebnis des Zählvorgangs
nicht direkt angezeigt, sondern zwischen gespeichert und später weiter
verwendet werden soll, kann das Ergebnis in eine Variable übertragen
werden.

Variablen, auch Speichervariablen genannt, sind Datenfelder außerhalb
der Datenbankstrukturen. Diese Variablen können vom Typ Datum,
logisch, numerisch oder Zeichenketten sein.

Die Namensvergabe für die Speichervariablen entspricht der für die
Datenbankfelder.

Es soll der Prozentsatz der Fahrzeuge, die für den Katalysatoreinbau
vorgesehen sind, ermittelt werden.

USE autos

COUNT FOR katalysat TO anzkat

COUNT TO alle

? anzkat/alle * 100

Die Variable **"anzkat"** enthält die Anzahl der für den Katalysatoreinbau
(FOR katalysat) vorgesehenen Fahrzeuge. In der Variablen **"alle"** wird die
Anzahl aller gespeicherter Fahrzeuge festgehalten. Der letzte ermittelt den
Prozentsatz und gibt ihn aus:

```
. USE autos
. COUNT FOR katalysat TO anzkat
      13 Sätze
. COUNT TO alle
      20 Sätze
. ? anzkat/alle*100
             65.00

.
```

Sämtliche in dBASE III definierten Variablen können mit ihren
Attributen und Inhalten angezeigt werden. Dieses erreicht man mit dem
Befehl

DISPLAY MEMORY

und man erhält folgende Ausgabe

```
ANZKAT        lokal (priv)  N          13  (         13.00000000)
ALLE          lokal (priv)  N          20  (         20.00000000)
    2 Variable definiert,        18 BYTES benutzt
  254 Variable verfügbar,      5982 BYTES verfügbar
```

Die beiden Befehle **AVERAGE** und **SUM** lassen sich in ähnlicher Weise
wie der **COUNT-Befehl** einsetzen.

AVERAGE [<Ausdruckliste>] [FOR <Bedingung>]

[TO <Variablenliste>]

In der Ausdrucksliste werden die Datenbankfelder aufgeführt, von denen
der Durchschnitt ermittelt werden soll. Falls das Ergebnis in Variable
übertragen werden soll, muß noch eine Variablenliste spezifiziert werden.
Die Variablenliste muß genauso viele Variablen enthalten wie der
Ausdruck Durchschnittsfelder:

```
. AVERAGE hubraum , ps TO hubsave , pssave
     20 Sätze gemittelt
hubraum  ps
    1910 108
.
```

Der **SUM-Befehl** hat folgende Syntax:

> **SUM [<Ausdrucksliste>] [FOR <Bedingung>]**
>
> **[TO <Variablenliste>]**

Falls die Ausdrucksliste nicht spezifiziert wird, geht dBASE III davon
aus, daß sämtliche numerischen Felder der Datenbank aufsummiert
werden sollen:

```
. SUM
     20 Sätze summiert
  HUBRAUM     PS     ZYLINDER
    38198    2152          92
.
```

3.5 Der Assistent-Modus

Für den Anwender von dBASE III stellt sich im Befehlsmodus die
Bedienung bisher so dar, daß die gewünschten Befehle oder Funktionen
vollständig über die Tastatur eingegeben werden müssen. Außerdem ist es
hierbei auch notwendig, daß der Befehl in der korrekten Schreibweise
eingegeben wird, da anderenfalls die Befehlseingabe vom System nur mit
"*** Unbekannter Befehl" quittiert wird.

dBASE III verfügt über einen komfortablen, menügeführten Modus, in
dem der Anwender die Option nur mit dem Cursor aussuchen und der
RETURN-Taste anwählen kann. Dieser sogenannte Assistent-Modus wird
erreicht, wenn man die **F2-Taste** betätigt oder den folgenden Befehl
eingibt:

ASSIST

Es erscheint dann folgende Bildschirmmaske, die dem Endanwender eine
kurze aber ausreichende Erklärung über die Handhabung gibt:

```
                        Der dBASE III
                         ASSISTENT

     ASSIST benutzt Menüs für den Umgang mit dBASE III


        TASTE                          FUNKTION

       Esc                      Aktuelle Operation beenden.
       Aufwärtspfeil     (↑)    Zum vorhergehenden Menü
       Abwärtspfeil      (↓)    Zum nächsten Menü
       Linkspfeil        (←)    Einen Begriff nach links
       Rechtspfeil       (→)    Einen Begriff nach rechts
       HOME                     Zum ersten Menü
       END                      Zum Begriff rechts unten
       Optionsbuchstabe         Führt die Option aus (Optionsbuchstabe ist
                                der erste Buchstabe des gewählten Wortes)

        Druecke ↓ (oder ENTER) für Weiter, oder ESC zum Abbruch
```

Falls man nun die **RETURN-Taste** betätigt, gibt dBASE III eine Auswahl
mit den folgenden Möglichkeiten:

```
                         dBASE III ASSISTENT                      ◄Bereit►
   Aufbau        Modus       Position      Extrakt      Planung      Dienste

  Aufruf/Aufbau einer Datenbank und Aufbau von REPORT-/LABEL-Formaten


                          AUFBAU - MENÜ

   Das AUFBAU Menü erlaubt die Erstellung, Benutzung oder Auswahl einer
   Datenbank. Ebenso können Sie hiermit LABEL- oder REPORT-Formate erstel-
   len. Alle anderen Optionen sind solange nicht ansteuerbar, bis eine
   Datenbank aktiviert ist.

   Use      LAUFWERK       Create        Create Label       Create Report




  Keine Datenbank geöffnet. Wählen Sie mit ↓ AUFBAU, um eine Datei zu öffnen (USE)
  Laufw C:   Zurück: ↑   Selektiere: ← →   Weiter: ↓ (oder ENTER)   HILFE: F1
```

Allgemein muß man zu dem Assistent-Modus anmerken:

- Falls man bei der Befehlsauswahl ca. 2 sec. lang keine Eingabe
  macht, so wird automatisch eine Hilfe auf dem Bildschirm angeboten (die Zeit gilt für den Intel 8086-Prozessor).

- Man kann die Option auch über den Anfangsbuchstaben anwählen.
  Allerdings sind die Anfangsbuchstaben in der deutschen Version
  nicht immer eindeutig, z. B. "p" für Position und Planung. Es
  wird dann stets die erste der gleich beginnenden Optionen ausgewählt.

- Alle Befehle fragen automatisch die weiteren Befehlsbestandteile
  ab, die dann entweder nur ausgewählt oder wie bei einem Vergleich "Angabe" explizit angegeben werden müssen.

Der Assistent-Modus eignet sich sehr gut für das erste Kennenlernen von dBASE III, das gelegentliche Anwenden und das komfortable
Testen einzelner Befehle.

Die gesamten Möglichkeiten des **ASSISTENT-Befehls** sind in dem
folgenden Funktionenbaum dargestellt:

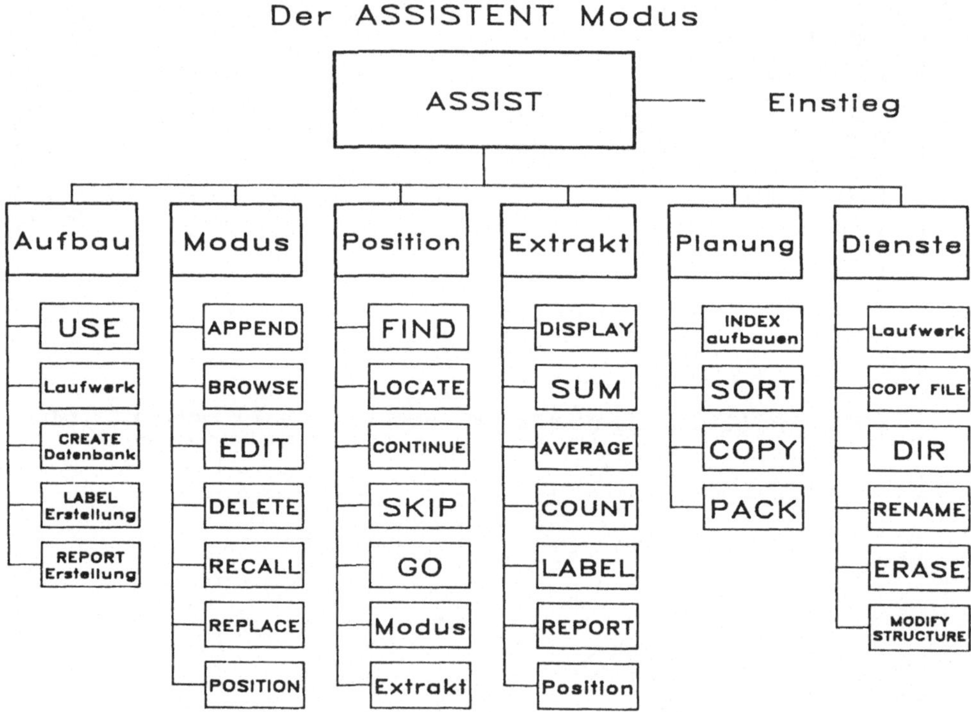

Mit den zur Verfügung stehenden Möglichkeiten soll folgendes Problem
gelöst werden:

- Datenbank anlegen: **(CREATE Datenbank);**

- Sätze anfügen: **(sofort oder APPEND);**

- Sätze anzeigen: **(DISPLAY).**

Die auszuführenden Befehle sind in dem folgenden Funktionenbaum
stärker umrandet:

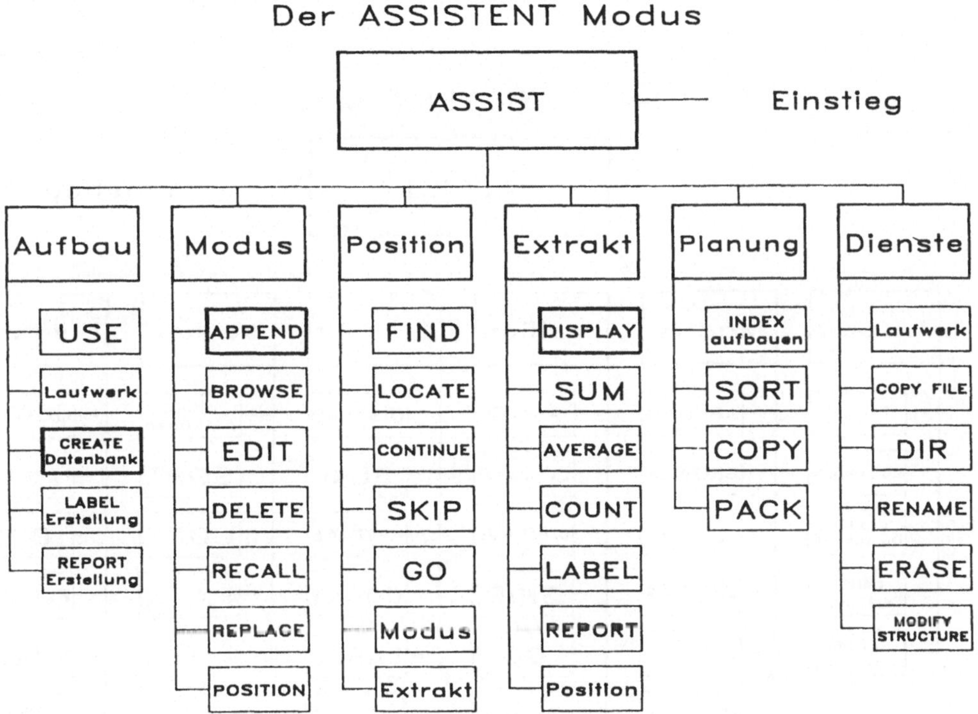

In dem Zweig **"CREATE Datenbank"** wird die Struktur der Datenbankdatei festgelegt. Nach Abschluß dieser Tätigkeit ist es wie bei dem bereits
bekannten **CREATE-Befehl** möglich, Daten sofort einzugeben. Wird diese
Möglichkeit nicht genutzt, so können die Daten in dem Zweig **"APPEND"**
eingegeben werden. Dazu muß man mit der **ESC-Taste** zunächst zurück
nach **"Aufbau"**, dann **"Modus"** auswählen und anschließend den Zweig
"APPEND". Für die Satzanzeige mit **"DISPLAY"** geht man über **"Modus"**
zu **"Extrakt"** in den Zweig **"DISPLAY"**.

Mit dem **ASSISTENT-Modus** soll folgende Aufgabe gelöst werden:

- zu einer Datenbank soll ein Report erstellt werden
  (**USE** und **REPORT Erstellung**)

- der Report soll ausgeführt werden (**REPORT**)

Der ASSISTENT Modus

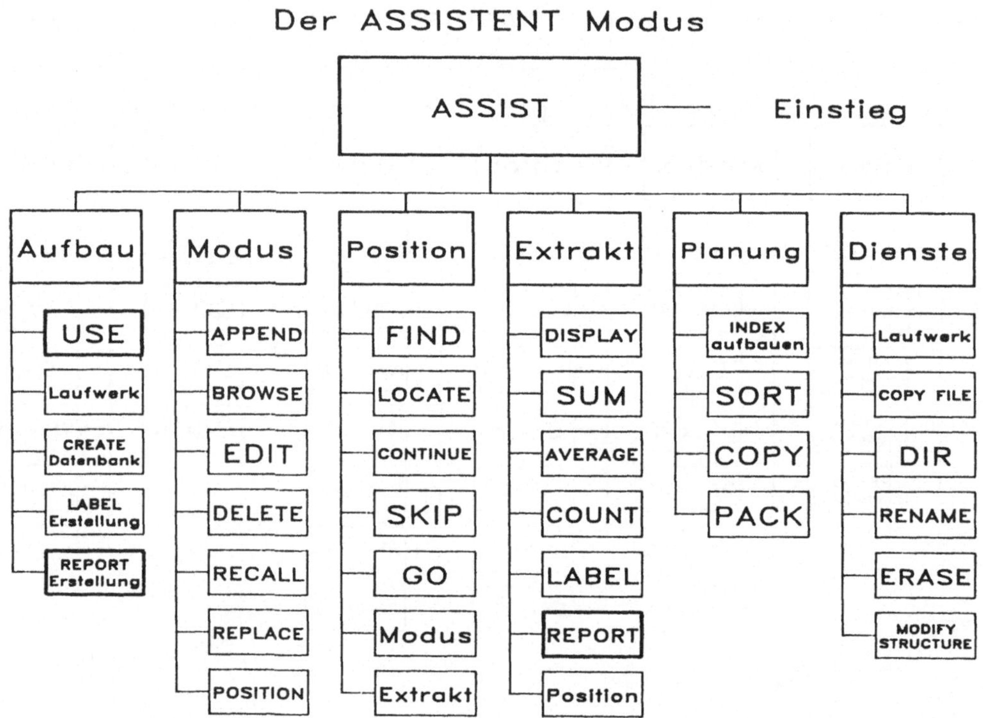

In dem Zweig "USE" wird die Datenbank eröffnet. Anschließend
verzweigt man zu der "**REPORT Erstellung**" und definiert den Report.
Über "**Aufbau**" und "**Extrakt**" wird der Zweig "**REPORT**" ausgewählt und
zur Ausführung gebracht.

116

3.6 Kapitelzusammenfassung

In diesem Kapitel wurden Möglichkeiten vorgestellt, die Daten in einer
Form auszugeben, die den Anforderungen des Endanwenders weitgehend
entspricht. Für den Reportgenerator werden die folgenden Anweisungen
benötigt:

CREATE REPORT

REPORT FORM

MODIFY REPORT

Die Handhabung dieser Anweisungen ist so konzipiert, daß auch ohne
Programmierkenntnisse die Ausgabeform bestimmt werden kann. Das
gleiche gilt auch für die Etikettenerstellung, die mit den folgenden
Anweisungen durchgeführt wird:

CREATE LABEL

LABEL FORM

MODIFY LABEL

dBASE III verfügt über eine Reihe von eingebauten Funktionen für die
Datumsverarbeitung, Zeichenkettenverarbeitung, Typkonvertierung und
Datenbankhandhabung. Der Assistent-Modus wird mit:

ASSIST oder der

F2-Taste

aufgerufen und ermöglicht das erste Arbeiten und die gelegentliche
Nutzung von dBASE III ohne genaue Kenntnis der Befehlssyntax, in dem
die angebotenen Möglichkeiten über die Tastatur ausgewählt werden.

4 Weitere Möglichkeiten der Datenbankanwendung

4.1 Ändern der Datenbankstruktur

Der Praxisfall in der Datenbankanwendung ist meistens dadurch
charakterisiert, daß eine einmal definierte Datenbankstruktur nicht für
alle Zeiten gültig ist. Die Datenbankänderung muß dann mit den in der
Datenbank bereits gespeicherten Informationen durchgeführt werden. Eine
Änderung der Struktur kann folgende Einflüsse nach sich ziehen:

- Sie kann sich auf die Attribute der Datenfelder wie Längenangabe
  der Zeichenfelder, Größenanordnung und Genauigkeit der
  numerischen Felder beziehen

- Sie kann sich auf den Typ der Datenfelder beziehen wie z. B.:
  ein numerisches Feld soll in eine Zeichenkette umdefiniert
  werden.

- Bestimmte Datenfelder werden nicht mehr benötigt.

- In der Datenbank werden neue Datenfelder eingefügt.

Mit dem Befehl

MODIFY STRUCTURE <Dateiname>

kann die Struktur einer existierenden Datenbank geändert werden. Die
Strukturänderung läuft dann automatisch in drei Phasen ab:

(1) Von der zu ändernden Datenbank wird eine Sicherheitskopie
    (Backup) angelegt. Diese Kopie erhält die Namenserweiterung
    "bak" und ist auch nach dem Änderungsvorgang noch vorhanden,
    d. h. ungewünschte Änderungen können wieder rückgängig ge-
    macht werden.

(2) Dem Benutzer wird eine Bildschirmmaske angeboten, die bereits
    vom **CREATE-Befehl** her bekannt ist. Hier können nun die ge-
    wünschten Änderungen vorgenommen werden wie Namensänderungen,
    Feldattributänderungen, Löschen eines Feldes (mit ^U) oder
    Einfügen eines Feldes (mit ^N).

(3) Nach Bestätigung der Änderung wird die neue Datenbankstruktur
    festgehalten und die Dateninhalte werden zurückgeschrieben.
    Neu hinzugefügte Felder bleiben leer. Auch bei Feldtyp-
    änderungen muß berücksichtigt werden, in wieweit der
    Dateninhalt in die gewünschte Struktur zu übernehmen ist.

An der Datenbank **"autos"** sollen Attributänderungen, ein Feld gelöscht und ein Feld eingefügt werden.

Bei den Änderungen sollte man die verbundenen Indexdateien berücksichtigen und sie gegebenenfalls neu aufbauen.

USE autos

MODIFY STRUCTURE

Man erhält die Bildschirmmaske, die bereits vom **CREATE-Befehl** her bekannt ist:

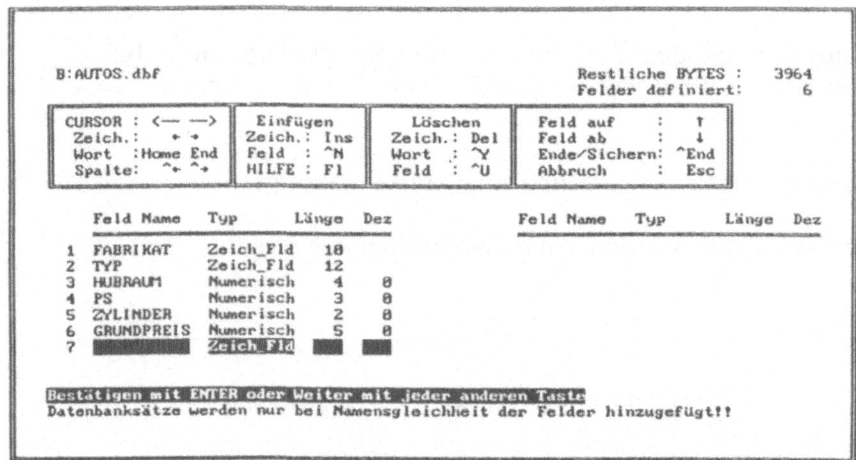

Um das Feld **"KATALYSAT"** aus der Datenbankdatei zu entfernen, wird der Cursor mit den Pfeiltasten zu diesem Feld bewegt und

    ^U

betätigt. Die Wirkung dieser Eingabe ist auf der folgenden Bildschirmmaske zu sehen:

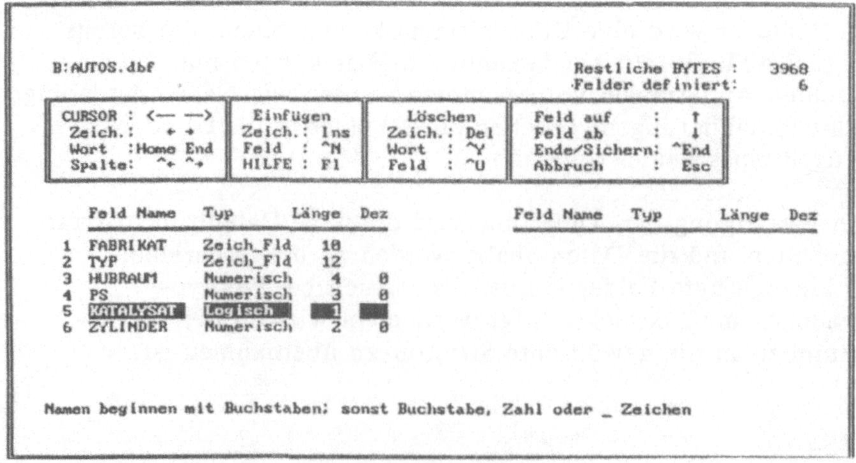

Als nächstes wird ein neues Feld definiert. Dieses Feld erhält die laufende
Nummer 6 und die folgenden Angaben:

Feld Name   : GRUNDPREIS
Typ   : N
Länge   : 5
Dez   : 0

Wird die **RETURN-Taste** betägtigt, so erhält man:

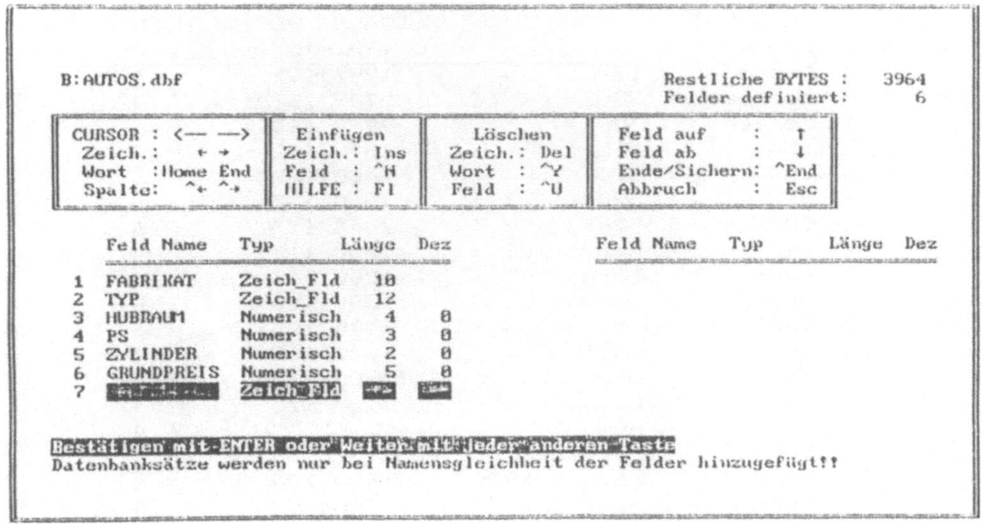

Falls die Änderungen übernommen werden sollen, muß nun die
RETURN-Taste gedrückt werden.

Die Datenbankänderung wird nun durchgeführt und kann überprüft
werden:

```
. DISPLAY STRUCTURE
Datenbankstruktur        - B:autos.dbf
Anzahl der Datensätze    -         20
Letztes Änderungsdatum - 12.11.85
Feld    Feldname     Typ           Länge     Dez
   1    FABRIKAT     Zeichen         10
   2    TYP          Zeichen         12
   3    HUBRAUM      Numerisch        4
   4    PS           Numerisch        3
   5    ZYLINDER     Numerisch        2
   6    GRUNDPREIS   Numerisch        5
** Gesamt **                         37

Satz #  FABRIKAT     TYP            HUBRAUM   PS ZYLINDER GRUNDPREIS
   1    Mercedes     190             1997 105        4
   2    Mercedes     190E            1997 122        4
   3    Mercedes     230E            2299 136        4
   4    Mercedes     300E            2962 190        6
   5    BMW          318i            1800 102        4
   6    BMW          320i            2000 125        6
   7    BMW          520i            2000 125        6
   8    BMW          524td           2443 115        6
   9    Opel         Kadett GSI      1800 115        4
  10    Opel         Corsa L         1000  45        4
  11    Opel         Ascona C        1300  60        4
  12    Opel         Senator 3.0E    3000 180        6
  13    VW           Golf GTI        1800 112        4
  14    VW           Golf CL         1600  75        4
  15    VW           Scirocco GT     1600  75        4
  16    VW           Polo GT         1300  75        4
  17    Ford         Fiesta L        1100  50        4
  18    Ford         Escort XR3i     1600 105        4
  19    Ford         Sierra L        1800  90        4
  20    Ford         Sierra XR4i     2800 150        6
```

Mit den Befehlen

USE

und

COPY FILE autos.bak TO auto.dbf

kann der alte Zustand wieder hergestellt werden.

Mit dem zuletzt eingesetzten **COPY-Befehl** haben wir eine weitere
dBASE III-Anweisung kennengelernt, mit der Dateien kopiert werden
können. In dem obigen Fall wird die Sicherheitskopie auf die eigentliche
Datenbank geladen und damit werden die Änderungen wieder
aufgehoben.

Dieser Befehl hat die Syntax:

COPY FILE <Quelldatei> TO <Zieldatei>

Bei den Dateieingaben ist es notwendig, daß die Namenserweiterung mit
angegeben wird.

Den **COPY-Befehl** gibt es noch in einer weiteren Variante:

COPY TO <neue Datei> STRUCTURE EXTENDED

Die Datenbank dient zur Speicherung aller möglichen Informationen. So
ist selbstverständlich, daß die Kenndaten der Datenbankstruktur selbst
wieder in einer Datenbank gespeichert werden können.

```
                                                             MAIN MENU
  - Maximale HILFE -

                          dBASE III Hauptmenü
                          ─────────────────────


                          1 - Erste Schritte ...
                          2 - Was ist ...
                          3 - Wie kann ich ...
                          4 - Eine Datenbank erstellen
                          5 - Eine Datenbank benutzen
                          6 - Befehle und Funktionen




  ↑↓←┘=Menü Auswahl, PgUp=Vorherige Seite, Esc=Ende HILFE, oder ein Befehl.

           Eingabe ▓▓▓▓▓▓▓▓▓▓▓▓▓▓▓▓▓▓▓
```

Mit den Befehlen

USE autos

COPY TO autostru STRUCTURE EXTENDED

wird eine Datenbank **"autostru.dbf"** angelegt, die vier Felder für die
Feldbeschreibung hat. Jeder Satz entspricht dann der Feldbeschreibung
eines Feldes:

```
. USE autostru
. DISPLAY STRUCTURE
Datenbankstruktur        - B:autostru.dbf
Anzahl der Datensätze    -        6
Letztes Änderungsdatum - 12.11.85
Feld    Feldname     Typ           Länge      Dez
   1    FIELD_NAME   Zeichen         10
   2    FIELD_TYPE   Zeichen          1
   3    FIELD_LEN    Numerisch        3
   4    FIELD_DEC    Numerisch        3
** Gesamt **                        18

. LIST
 Satz  #    FIELD_NAME FIELD_TYPE   FIELD_LEN   FIELD_DEC
        1   FABRIKAT   C                  10           0
        2   TYP        C                  12           0
        3   HUBRAUM    N                   4           0
        4   PS         N                   3           0
        5   KATALYSAT  L                   1           0
        6   ZYLINDER   N                   2           0
```

Diese Datenbank läßt sich mit den bekannten dBASE III-Befehlen
weiterverarbeiten und man erhält:

```
. DELETE RECORD 5
      1 Satz gelöscht
. LIST
  Satz #   FIELD_NAME FIELD_TYPE   FIELD_LEN   FIELD_DEC
      1   FABRIKAT   C                12          0
      2   TYP        C                12          0
      3   HUBRAUM    C                 4          0
      4   PS         N                 3          0
      5  *KATALYSAT  L                 1          0
      6   ZYLINDER   N                 2          0
      7   GRUNDPREIS N                 6          0
. PACK
      6 Sätze kopiert
. USE
```

Das mit den Löschkennzeichen markierte Feld **"KATAYSAL"** wird mit
"PACK" entfernt

Aus der geänderten Datenbankbeschreibung läßt sich nun wieder eine
Datenbank erzeugen mit:

CREATE <neue Datei> FROM <Struktur-Datei>

Auch dieser Befehl stellt eine Variante des bereits bekannten **CREATE-Befehls** dar.

```
. use autoneu
. display structure
Datenbankstruktur        - B:autoneu.dbf
Anzahl der Datensätze    -           0
Letztes Änderungsdatum   - 19.11.85
Feld    Feldname     Typ          Länge      Dez
   1    FABRIKAT     Zeichen         12
   2    TYP          Zeichen         12
   3    HUBRAUM      Zeichen          4
   4    PS           Numerisch        3
   5    ZYLINDER     Numerisch        2
   6    GRUNDPREIS   Numerisch        6
** Gesamt **                        40
```

4.2 Anwenden von mehreren Indexdateien

Die Bedeutung der Indextechnik wurde bereits in den Abschnitten 2.5
und folgenden besprochen. Zu einer Datenbank können bis zu 7
Indexdateien angelegt werden. Mit dem Befehl

USE autos INDEX autos1, autos5

wird eine Datenbank mit zwei Indexdateien eröffnet. Die beiden
Indexdateien werden bei der Datenpflege automatisch aktualisiert. Die
Satzreihenfolge sowie der direkte Zugriff werden stets über die erste
Indexdatei der Liste in dem Beispiel **"autos1"** durchgeführt.

```
. SEEK "Mercedes   190E"
. DISPLAY
 Satz #  FABRIKAT    TYP         HUBRAUM  PS KATALYSAT ZYLINDER
      2  Mercedes    190E           1997 122 .T.             4
```

Mit dem Befehl **"SET INDEX"** können Indexdateien zu einer aktivierten
Datenbank eröffnet werden. Der Befehl wird in Abschnitt 5.5 näher
beschrieben:

SET INDEX TO [<Liste von Indexdateien>]

Für das Beispiel bedeutet das:

```
. SET INDEX TO autos5,autos1
. DISPLAY STATUS

Selektierte Datenbank
Selektierter Bereich : 1. Datenbank eröffnet - B:autos.dbf  ALIAS - AUTOS
       Indexdatei      - B:autos5.ndx  Schlüssel - 1000*zylinder - ps
       Indexdatei      - B:autos1.ndx  Schlüssel - fabrikat+typ
```

Die Reihenfolge der Indexdateien wurde vertauscht. Der Hauptindex oder
Primärindex ist nun "autos5".

```
. SEEK 3878
. DISPLAY
 Satz #  FABRIKAT    TYP          HUBRAUM  PS KATALYSAT ZYLINDER
       2  Mercedes    190E          1997 122 .T.                4
```

Mit der Verwendung mehrerer Indexdateien für eine Datenbank und dem
"SET INDEX"-Befehl ist ein flexibler Zugriff auf die Datenbestände
möglich.

4.3 Die eingebaute Hilfefunktion

Wie es bei guten Softwarepaketen üblich geworden ist, bietet auch dBASE
III eine stets abrufbare und komfortable Hilfefunktion. Diese
Hilfefunktion kann bei bestimmten Aufgabestellungen und Problemen
sehr nützlich sein. Es gibt mehrere Möglichkeiten, diese Hilfefunktion zu
nutzen.

- Man informiert sich im voraus über bestimmte Einsatzmöglichkeiten.

- Man hat einen Befehl falsch eingegeben und bekommt automatisch
  Hilfe angeboten **(SET HELP ON)**

- Man hat im ASSISTENT-Modus für eine bestimmte Zeit nichts eingegeben und das System bietet aktiv eine Hilfestellung an.

Die Hilfefunktion kann aufgerufen werden mit

HELP

oder mit dem Betätigen der **F1-Taste**. Es erscheint dann das Bild:

Die angebotenen Optionen des Hauptmenüs kann man auswählen, indem
der Cursor auf die Option positioniert wird und die **RETURN-Taste**
betätigt wird. In unserem Beispiel wollen wir uns die zweite Option "Was
ist..." genauer anschauen:

Auch auf diesem Bildschirm wird dem Hilfesuchenden eine ganze Reihe
von Optionen angeboten. Wir wollen uns nun die Hilfestellung auf die
Frage **"Was ist ein Befehl"** näher anschauen und wählen daher die Option
1 aus:

```
                                                               COMMAND


                        Ein Befehl
                        ___________


        Ein Befehl ist eine dBASE III Instruktion.

        Ein Befehl besteht aus einem Befehlsverb (z.B.DISPLAY)
        und zusätzlichen Begriffen, die eine Spezialisierung
        der Befehlsangabe erlauben.

        Beispiel:       DISPLAY
                        DISPLAY NEXT 10
                        DISPLAY ALL FOR Name='MEIER'



   PgUp=Vorherige Seite, Esc=Ende HILFE, ^Home=Vorheriges Menü, oder ein Befehl.

               Eingabe ██████████████████████
```

In ähnlicher Weise kann man nun mit den anderen interessierenden
Punkten verfahren und die Hilfefunktion von dBASE III ausnutzen.

Eine weitere Möglichkeit die Hilfeeinrichtung einzusetzen ist, wenn man
einen Befehl falsch eingibt:

```
. use autos
. label from auto1
Syntaxfehler
        ?
label from auto1
Wünschen Sie HILFE? (J/N)
```

Beantwortet man nun die Frage nach Hilfe mit einem **"J"**, so erhält man
eine Hilfestellung für den vorhin nicht korrekt eingegebenen Befehl
LABEL:

```
                                                                    LABEL


                                LABEL
                                =========


   Syntax        : LABEL FORM <Label-Datei> [<Bereich>] [SAMPLE] [TO PRINT]
                    [FOR/WHILE <Bedingung>] [TO FILE <Datei>]

   Beschreibung : Zeigt LABELs (Etiketten) unter Benutzung der durch die
                   MODIFY LABEL- oder CREATE LABEL-Befehle erstellten
                   LABEL-Datei an.




   PgUp=Vorherige Seite, Esc=Ende HILFE, ^Home=Vorheriges Menü, oder ein Befehl.

                Eingabe  ███████████████████
```

Die oben gezeigte Hilfeerläuterung kann man auch durch die Eingabe
von:

HELP LABEL

erhalten.

4.4 Lassen Sie dBASE III Programmanweisungen entwickeln

Der im Abschnitt 3.5 bereits angesprochene ASSISTENT-Modus soll dazu
eingesetzt werden, Programmanweisungen zu entwickeln und damit den
Übergang zu koplexeren Anweisungen und zum Programmiermodus
erleichtern. In den ASSISTENT-Modus gelangt man mit der **F2-Taste**
oder mit dem Befehl

ASSIST

Nachdem in dem Zweig **"Aufbau"** mit dem Befehl **"USE"** die Datenbank
(in unserem Beispiel die Datenbank **"autos"**) aktiviert haben, soll im
folgenden ein **LIST-Befehl** mit mehreren Selektionskriterien entwickelt
werden. Die Arbeitsweise im ASSISTENT-Modus zeichnet sich dadurch
aus, daß der Befehl nicht vollständig eingegeben werden muß, sondern
stattdessen von den angebotenen Optionen jeweils eine ausgewählt werden
kann.

Der dabei entwickelte Befehl wird in seiner Entwicklung laufend im
unteren Bildschirmbereich mit angezeigt:

```
                         Der dBASE III
                           ASSISTENT

       ASSIST benutzt Menüs für den Umgang mit dBASE III

          TASTE                        FUNKTION

     Esc                     Aktuelle Operation beenden.
     Aufwärtspfeil    (↑)    Zum vorhergehenden Menü
     Abwärtspfeil     (↓)    Zum nächsten Menü
     Linkspfeil       (←)    Einen Begriff nach links
     Rechtspfeil      (→)    Einen Begriff nach rechts
     HOME                    Zum ersten Menü
     END                     Zum Begriff rechts unten
     Optionsbuchstabe        Führt die Option aus (Optionsbuchstabe ist
                             der erste Buchstabe des gewählten Wortes)

       Druecke ↓ (oder ENTER) für Weiter, oder ESC zum Abbruch
```

Die erste Bildschirmmaske zeigt die Hauptoptionen, von denen durch
Bewegen der **Cursortaste** und Betätigen der **RETURN-Taste** die Option
"**Extrakt**" ausgewählt wird. Zusätzlich erscheint ab der nächsten
Bildschirmmaske die Zeile "**Befehl:**" im unteren Bereich. Hier wird
sukzessiv der Befehl angezeigt, der durch Optionsauswahl entwickelt wird:

In dieser Bildschirmmaske wird der **DISPLAY-Befehl** ausgewählt, der Hilfetext wird bereits mit angezeigt:

```
                         EXTRAKT aus der Datenbank
 Display       Sum       Average      Count      Label       Report      Position
 ┌──────────────────────────────────────────────────────────────────────────────┐
 │ Feldnamen auswählen - Pfeiltasten ↑/↓ zur Auswahl  -  ausführen mit RETURN     │
 └──────────────────────────────────────────────────────────────────────────────┘

                          Feld Name      Feldtyp       Länge     Dez. #
                        ▶ FABRIKAT       Zeichen        18
                        ▶ TYP            Zeichen        12
                          HUBRAUM        Numerisch       4         8
                        ▶ PS             Numerisch       3         8
                          KATALYSAT      Logisch         1
                          ZYLINDER       Numerisch       2         8




 Befehl: DISPLAY FIELDS FABRIKAT , TYP , PS
 Benutzte Datei: B:AUTOS.dbf Aktueller Satz #:        1           Satzgröße:       28
 Laufw C:     Drücke → für nächste Auswahlmöglichkeit.
```

Hier wird nach den Feldern gefragt, die angezeigt werden sollen. Durch die bekannte Technik wird "FABRIKAT", "TYP" und "PS" ausgewählt. Mit der **Cursortaste rechts** erreicht man:

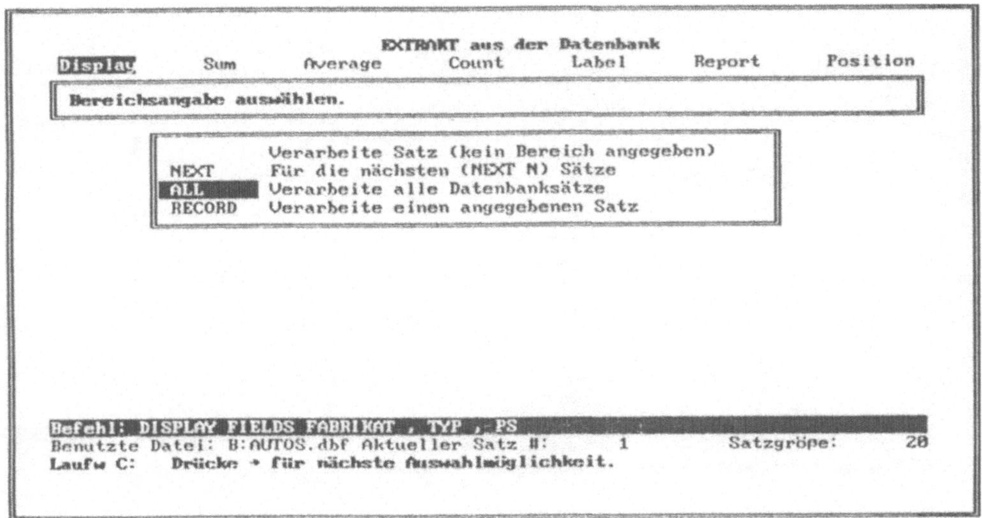

Hier wird die Bereichsangabe "ALL" ausgewählt und man erhält die
Bildschirmmaske für die Auswahlkriterien:

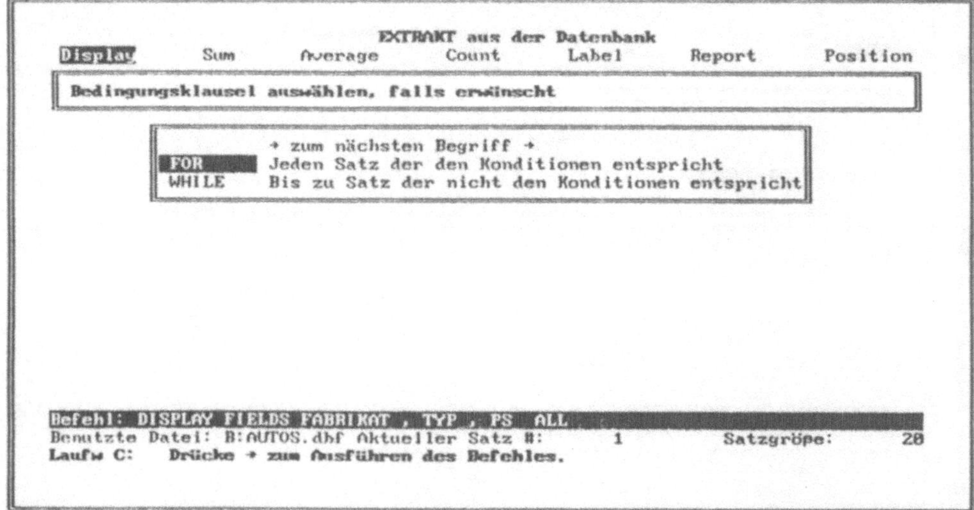

138

Hier wird die Bedingungsklausel **"FOR"** ausgewählt:

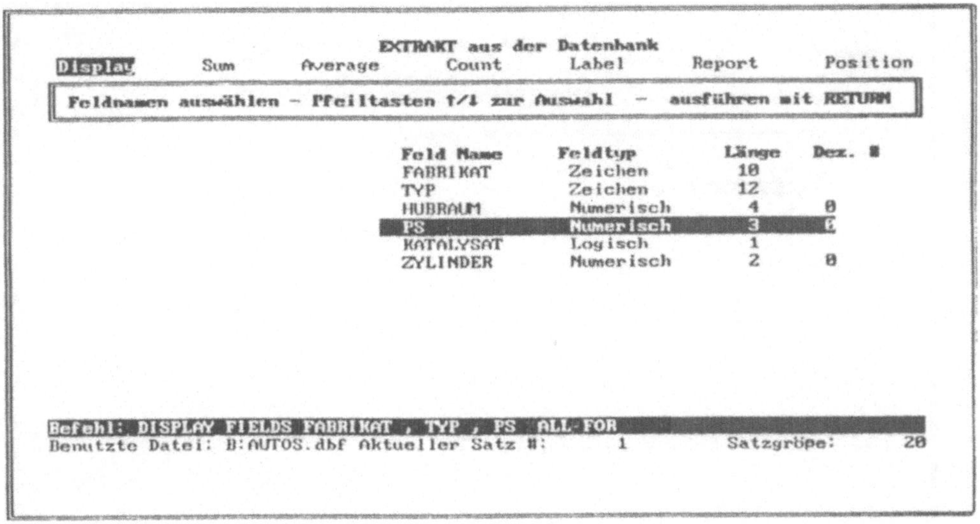

```
                  EXTRAKT aus der Datenbank
Display      Sum      Average      Count      Label      Report      Position
┌──────────────────────────────────────────────────────────────────────────┐
│ Feldnamen auswählen - Pfeiltasten ↑/↓ zur Auswahl  -   ausführen mit RETURN│
└──────────────────────────────────────────────────────────────────────────┘

                        Feld Name     Feldtyp       Länge   Dez. #
                        FABRIKAT      Zeichen        10
                        TYP           Zeichen        12
                        HUBRAUM       Numerisch       4        0
                        PS            Numerisch       3        0
                        KATALYSAT     Logisch         1
                        ZYLINDER      Numerisch       2        0




Befehl: DISPLAY FIELDS FABRIKAT , TYP , PS  ALL FOR
Benutzte Datei: B:AUTOS.dbf Aktueller Satz #:         1          Satzgröße:      20
```

Als Vergleichsfeld wird hier **"PS"** gewählt:

140

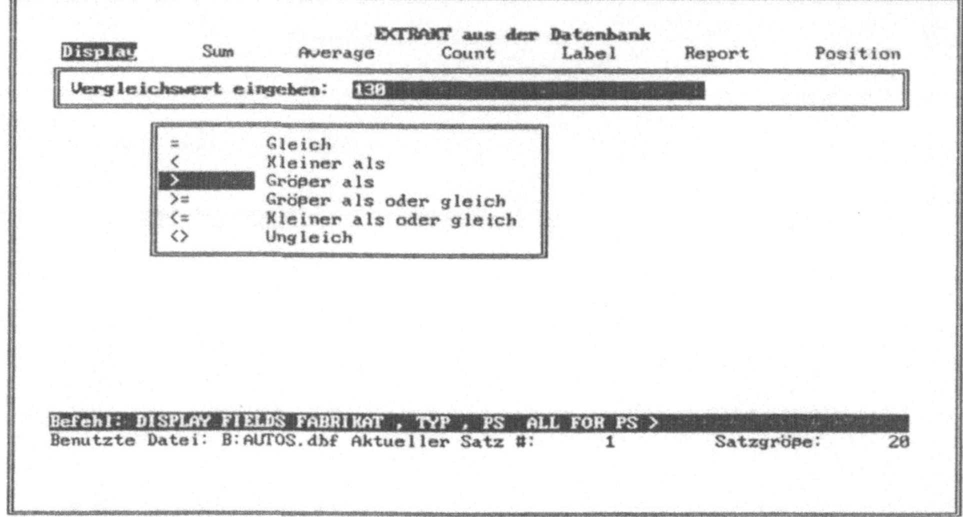

Als Vergleichsoperator wird **"Größer als"** gewählt und der Vergleichswert 130 eingegeben:

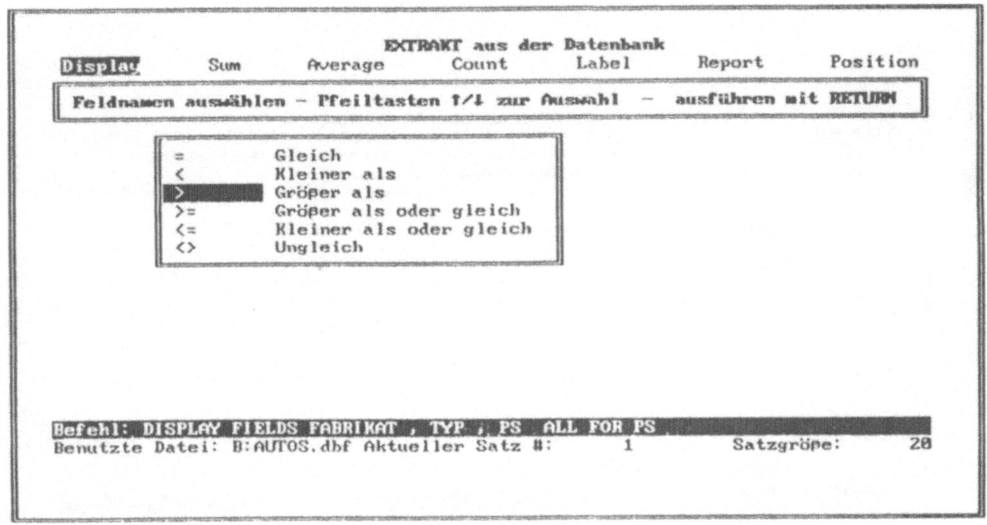

Mit der **Cursortaste rechts** erhalten wir nach dem folgenden Bild die
Auswertung. An dieser Stelle könnte die Selektion mit dem logischen
UND bzw. ODER erweitert werden. Der vollständige Befehl ist im
unteren Bereich ersichtlich. Es ist leider keine Möglichkeit bekannt, mit
dBASE III diesen Befehl zu sichern und in eine Programmdatei
einzubauen:

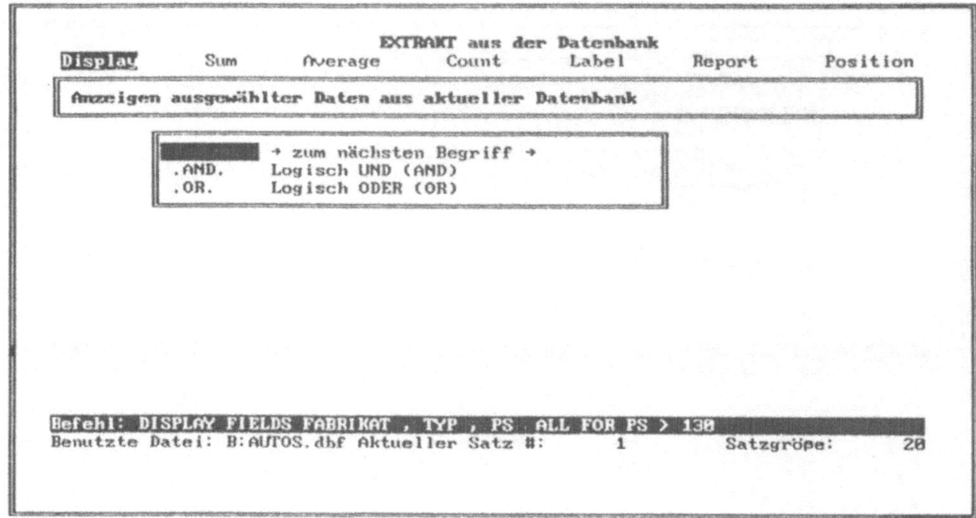

Der Ergebnisbildschirm hat dann den Aufbau:

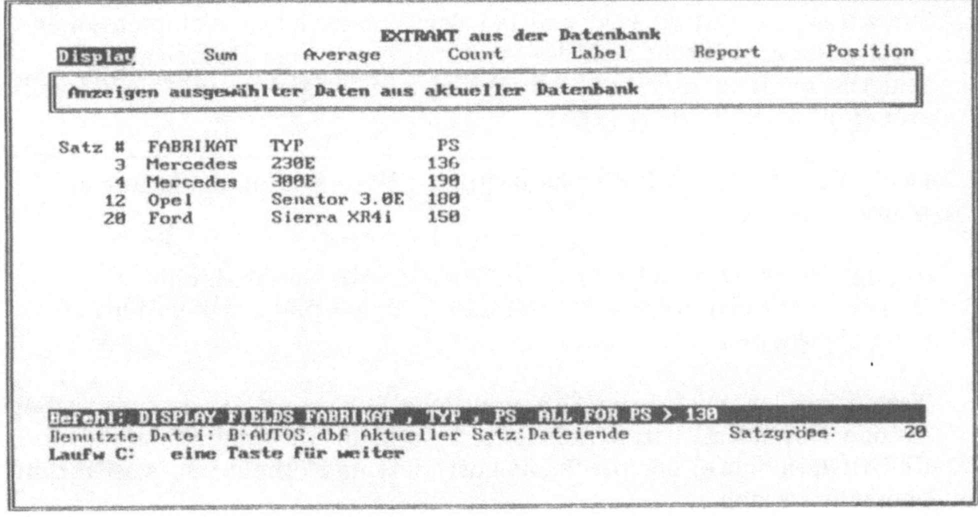

4.5 Die Grenze zwischen Datenbankanwendung und Programmierung

Bei längeren dBASE III-Anweisungen oder einer Anweisungsfolge stellt man des öfteren fest, daß die Möglichkeiten Eingabefehler zu machen fast unerschöpflich sind. Gerade bei der Eingabe einer Anweisung, die über die gesamte Breite des Bildschirms geht, von dBASE III mit dem Syntaxfehler quittiert wird und bei dem freundlichen Anbieten einer Hilfestellung, wünscht sich der Anwender, mit dem Cursor an die fehlerhafte Stelle zu gehen, den Fehler zu korrigieren und die Anweisung erneut an dBASE III zu geben.

Doch diese Vorgehensweise kann unter diesen Bedingungen nur ein Wunsch sein.

dBASE III bietet zusätzlich einen Programmiermodus, indem die Programmanweisungen in einer Datei gehalten und zur Ausführung gebracht werden.

Treten bei der Ausführung irgendwelche Fehler auf - was man zu Beginn als den Normalfall betrachten sollte - so kann die Programmdatei, d. h. die Anweisung(en) entsprechend korrigiert und erneut zur Ausführung gebracht werden.

Dieser Vorgang wird solange wiederholt, bis keine Fehler mehr zu erkennen sind.

Schematisch dargestellt sieht der Vorgang dann so aus:

Programm erstellen
Programm testen
solange noch Fehler vorhanden
Programme korrigieren
Programme ausführen

Die Darstellung des Schemas soll an dieser Stelle erläutert werden:

Bedeutung   Darstellung

einzelner Ver-
arbeitungsschritt

Befehlswiederholung,
wobei die Bedingung
vor der Ausführung der
Befehle im inneren
Block überprüft wird.

Die folgenden Kapitel werden sich mit den Programmiermöglichkeiten
unter dBASE III beschäftigen. Dazu gehören insbesondere:

- die Analyse und Vorgehensweise für die Programmerstellung;

- das Erstellen des Programms unter der Zuhilfenahme eines
  Editors;
  (=Programm für die Texterstellung und Korrektur)

- die Ausführung und das Testen eines Programms;

- das Korrigieren des Programms.

4.6 Kapitelzusammenfassung

In diesem Kapitel wurden die Möglichkeiten der Datenbankänderung
behandelt. Mit dem Befehl

MODIFY STRUCTURE <datenbank>

kann die Struktur verändert werden.

Die Struktur einer Datenbank läßt sich in eine separate Datenbank
kopieren. Der Befehl dazu lautet:

COPY TO <datei> STRUCTURE EXTENDED

Aus dieser geänderten Datenbank läßt sich dann wieder eine neue mit
dem Befehl

CREATE <dateiname> FROM <datei>

erstellen.

Zu einer Datenbank können bis zu 7 Indexdateien definiert werden, die
mit dem Befehl:

USE <datenbank> INDEX <Liste von Indexdateien>

eröffnet werden. Für die Satzreihenfolge und den Zugriff mit dem
SEEK-Befehl ist nur die erste Indexdatei von Bedeutung. Die restlichen
Indexdateien werden bei Datenänderungen mit aktualisiert. Mit

SET INDEX TO <Indexliste>

läßt sich die Rangfolge der Indexdateien ändern.

Mit dem Befehl

HELP

läßt sich ein umfangreiches Hilfesystem aufrufen. Diese Hilfestellung
erscheint auch bei fehlerhaften Befehlen.

Durch den ASSISTENT-Modus kann man Anweisungen erstellen, in dem
lediglich die gewünschten Optionen aus einer Liste ausgewählt werden.
Den ASSISTENT-Modus erreicht man durch:

ASSIST

oder die

F2-Taste

5 Die ersten Schritte zur Programmentwicklung

In diesem Kapitel sollen die grundlegenden Möglichkeiten aufgeführt werden, um mit dBASE III Programme zu schreiben. Dazu gehören:

- die Programmbausteine wie Sequenz, Verzweigung und Schleifen;

- die Bedeutung und Handhabung eines Editors für die Programmerstellung;

- das Setzen und die Funktion von dBASE III-Programmparametern;

- die Verwendung von Bildschirmmasken und ihre Programmierung.

5.1 Programmbausteine

Die Erstellung einer Anwendung sollte nicht mit der Programmierung beginnen. Nach einer ausführlichen Analysephase müssen die einzelnen Programm-Module spezifiziert und entworfen werden.

Diese Entwurfsphase ist weitgehend unabhängig von der später verwendeten Programmiersprache.

Durch eine schrittweise Verfeinerung einer Aufgabe erhält man Teilaufgaben und weiterhin Module, die sich dann übersichtlich darstellen und in die gewünschte Programmiersprache umsetzen lassen. Bei der Darstellungsmethode liegt das Problem in der Wahl eines aussagekräftigen Verfahrens.

Hierbei lassen sich drei Verfahren unterscheiden:

- die verbale Darstellung; durch die umgangssprachliche Formulierung sind allerdings Fehlinterpretationen möglich.

- die formale Darstellung; hierunter versteht man einen Pseudocode, der einer Programmiersprache ähnelt. Diese Darstellungsform ist sehr exakt; durch das hohe Abstraktionsniveau wird diese Form jedoch schwer verständlich.

- die grafische Darstellung; hier wurden einige Methoden entwickelt, bekannt sind hier Programmablaufpläne (PAP) und Struktogramme nach Nassi-Shneiderman.

Im folgenden sollen die Programmbausteine mit den Struktogrammen nach Nassi-Shneiderman erklärt werden.

Die drei unterschiedlichen Darstellungsformen sollen für den **DO-CASE-Befehl** erläutert werden. Dieser Befehl ermöglicht in einem Programm den Ablauf von mehreren Alternativen.

Beispiel:

Verbale Beschreibung:

    Der Inhalt einer numerischen Variablen soll
untersucht werden. Falls diese Variable den
Wert 1 hat soll für die weitere Verarbeitung
das Programm **"auto1000"** aufgerufen werden,
in dem die Datensätze ausgegeben werden. Ist
der Wert der Variablen 2, so soll in das
Programm **"auto2000"** für die weitere Verar
beitung verzweigt werden, in dem ein Daten
satz eingefügt werden kann.

    Für alle anderen Werte der Variablen soll
eine Meldung auf dem Bildschirm ausgegeben
werden und die Variable neu eingegeben
werden.

Formale Beschreibung:

    Untersuche die **Variable**:

        falls der Wert 1 ist, verzweige nach
        "auto1000" (Sätze ausgeben)

        falls der Wert 2 ist, verzweige nach
        "auto2000" (Satz einfügen)

        sonst melde: Variable hat keinen
                              richtigen Wert und lese
                              den neuen Wert für die
                              Variable

    Ende der Untersuchung der Variablen

Grafische Darstellung:

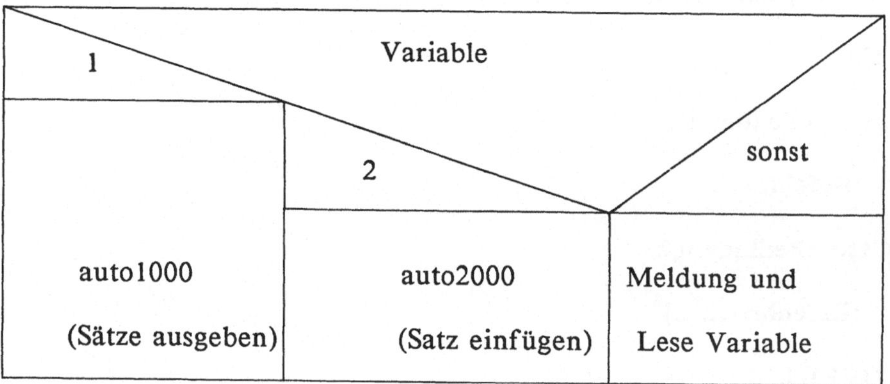

Die Mehrfachverzweigung läßt sich in dBASE III mit der **DO CASE-Anwendung** realisieren. Die Anweisung hat die Form:

DO CASE

    CASE <Bedingung>

        <Befehle>

    [Case <Bedingung2>

        <Befehle> ......]

[OTHERWISE

        <Befehle>]

ENDCASE

Der **DO CASE-Befehl** muß mit **ENDCASE** beendet werden. Zwischen diesen Befehlsbestandteilen muß mindestens eine **CASE-Bedingung** mit den ihr nachfolgenden Befehlen stehen. In diesem Befehl werden die Bedingungen sukzessiv geprüft, bis eine Bedingung erfüllt ist; die darauf folgenden Befehle werden dann ausgeführt und das Programm wird nach dem **ENDCASE** fortgesetzt.

Die Mehrfachverzweigung läßt sich in dBASE III mit der **DO CASE-Anwendung** realisieren. Die Anweisung hat die Form:

DO CASE

    CASE <Bedingung>

      <Befehle>

    [Case <Bedingung2>

      <Befehle> ......]

[OTHERWISE

      <Befehle>]

ENDCASE

Der **DO CASE-Befehl** muß mit **ENDCASE** beendet werden. Zwischen diesen Befehlsbestandteilen muß mindestens eine **CASE-Bedingung** mit den ihr nachfolgenden Befehlen stehen. In diesem Befehl werden die Bedingungen sukzessiv geprüft, bis eine Bedingung erfüllt ist; die darauf folgenden Befehle werden dann ausgeführt und das Programm wird nach dem **ENDCASE** fortgesetzt.

Ist keine der Bedingungen erfüllt, so wird, falls vorhanden, der **OTHERWISE-Zweig** ausgeführt.

In beiden Fällen wird das Programm nach dem **ENDCASE** fortgesetzt. Der hier vorgestellte **DO CASE-Befehl** leitet sich von dem **DO-Befehl** ab:

DO <programmname>

Mit diesem Befehl wird ein dBASE III-Programm gestartet. Der **DO-Befehl** kann entweder im dBASE III-Grundmodus, gekennzeichnet durch den Punkt (.) oder in einem Programm als Befehl verwendet werden. Im letzten Fall wird aus einem Anwendungsprogramm ein weiteres Programm zur Ausführung gebracht.

Neben dem **DO CASE-Befehl** und dem einfachen **DO-Befehl** kennt
dBASE III noch den **DO WHILE-Befehl**, der einem Schleifenstrukturblock entspricht.

Eine Anzahl von Anweisungen wird solange ausgeführt, bis eine
Bedingung, die vorab getestet wird, nicht mehr erfüllt ist. Dieser Befehl
hat nach Nassi-Shneiderman die Form:

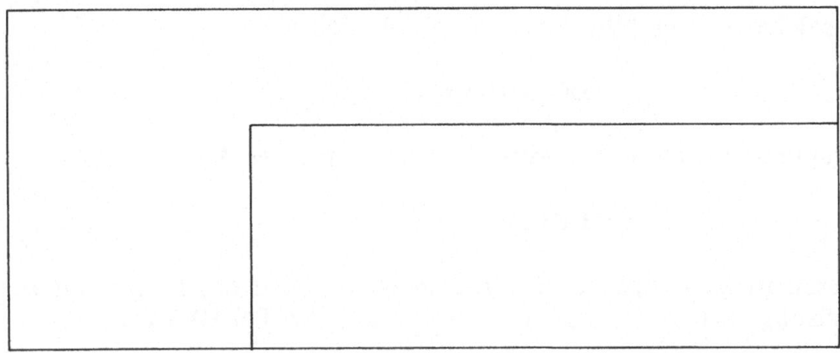

Der Schleifenstrukturblock soll mit einem einfachen Beispiel erläutert
werden. Eine Variable soll solange ausgegeben werden, bis die Variable
den Wert 10 erreicht hat. Vorausgesetzt wird eine Wertzuweisung von 0:

In dBASE III hat der Schleifenstrukturblock die
Syntax:

DO WHILE <Bedingung>

<Befehl(e)>

ENDDO

153

Die zwischen **DO WHILE** und **ENDDO** stehenden Befehle werden solange
ausgeführt, wie die Bedingung erfüllt ist. Die Bedingung kann ein
beliebiger logischer Ausdruck sein, wobei auch die Operatoren wie "**AND**"
und "**OR**" verwendet werden können.

Bei bestimmten Anweisungen kann es sinnvoll sein, die Schleifen-
bedingung immer als erfüllt zu setzen und die Befehle in der Schleife in
Abhängigkeit von anderen Bedingungen zu verlassen.

Eine solche stets erfüllte Bedingung läßt sich mit

DO WHILE .T.

programmieren. Diese Schleife kann dann mit der Anweisung

EXIT

verlassen werden. Mit der **EXIT-Anweisung** wird das Programm an der
Anweisung fortgesetzt, die unmittelbar auf das **ENDDO** folgt.

Die **EXIT-Anweisung** wird bei folgender Problemstellung benötigt:

Eine **DO WHILE ... ENDDO-Schleife** soll solange ausgeführt werden, bis eine Variable "Wert" einen Wert größer als 10 erhält. Die Variable "Wert" hat den Anfangswert 1 und wird pro Schleifendurchlauf um 1 erhöht.

```
* Demoprogramm für die EXIT-Anweisung    EXITDEMO.PRG
*
wert = 1
CLEAR
DO WHILE .T.
     ? "wert hat in der Schleife den Inhalt ",wert
     IF wert > 10
        EXIT
     ENDIF
     wert = wert + 1
ENDDO
? "Nach Beendigung der Schleife durch die EXIT-Anweisung"
? "hat wert den Inhalt ",wert
```

```
     wert hat in der Schleife den Inhalt            1
          2
     wert hat in der Schleife den Inhalt            2
          3
     wert hat in der Schleife den Inhalt            3
          4
     wert hat in der Schleife den Inhalt            4
          5
     wert hat in der Schleife den Inhalt            5
          6
     wert hat in der Schleife den Inhalt            6
          7
     wert hat in der Schleife den Inhalt            7
          8
     wert hat in der Schleife den Inhalt            8
          9
     wert hat in der Schleife den Inhalt            9
          10
     wert hat in der Schleife den Inhalt            10
          11
     wert hat in der Schleife den Inhalt            11
     Nach Beendigung der Schleife durch die EXIT-Anweisung
     hat wert den Inhalt         11
     .
     .
```

Mit der **RETURN-Anweisung** wird ein Programm beendet oder falls ein
Programm mit der **DO-Anweisung** ein weiteres Programm aufgerufen hat,
so bewirkt die **RETURN-Anweisung** im aufgerufenen Programm die
Rückkehr zum aufrufenden Programm an der Anweisung nach dem **DO**:

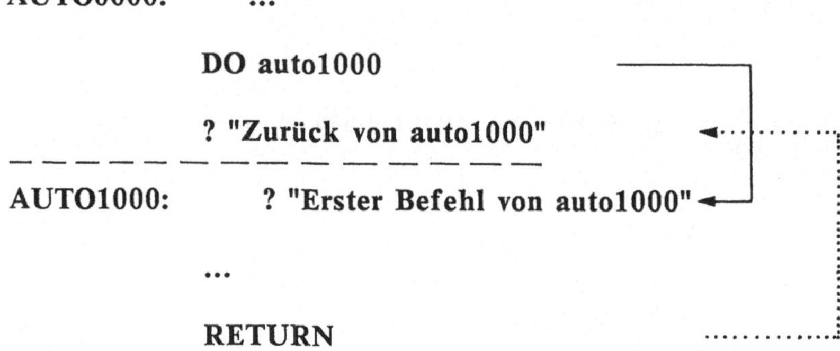

Der bereits beschriebene **DO CASE-Befehl** stellt eine Mehrfachverzweigung dar, mit der eine beliebige Anzahl von Verzweigungen
ermöglicht wird. In vielen Anwendungsfällen werden nur zwei
Verzweigungen für eine Bedingung benötigt. Für diese Fälle stellt dBASE
III die **IF-Anweisung** bereit:

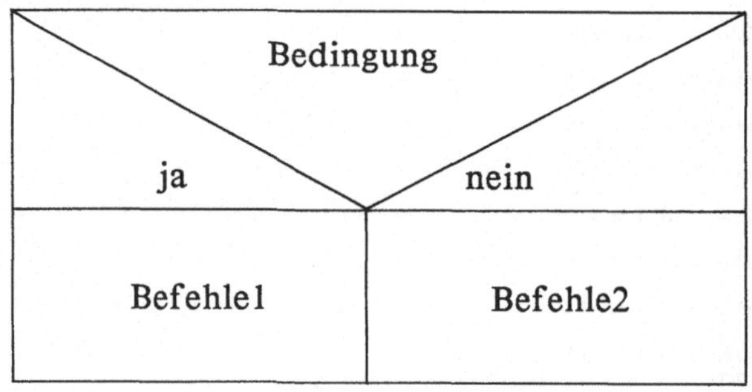

Ist die Bedingung erfüllt, so werden die Befehle1 ausgeführt, anderenfalls
führt das Programm die Befehle2 aus. Diese Anweisung hat in dBASE III
die Syntax:

IF <Bedingung>

  <Befehle1>

ELSE

  <Befehle2>

ENDIF

Bei dieser Anweisung kann die **ELSE-Klausel** fehlen. Dann werden nur,
wenn die Bedingung erfüllt ist, die nachfolgenden Befehle zusätzlich
durchgeführt.

Beispiel:

IF a0000=1

  ? "die Variable a0000 hat den Wert eins"

ELSE

  ? "der Wert von a0000 ist nicht eins"

ENDIF

5.2 Der Programmeditor

Zum Handwerkzeug für die Programmerstellung gehört ein Texteditor,
d.h. eine Möglichkeit, Programme zu erstellen und zu ändern. In einigen
Systemen wie BASIC ist ein solcher Texteditor stets präsent, um die
Programmerstellung zu unterstützen.

Zu den Hauptfunktionen eines Texteditors für die Programmerstellung
gehören:

- Einfügen, Löschen und Ändern einzelner Zeichen im Programm;

- Einfügen und Löschen einzelner Programmzeilen;

- Vorwärts-, Rückwärtsblättern bei Programmen, die nicht vollständig auf einem Bildschirm Platz finden;

- Sichern und Wiederauffinden von Programmdateien.

Der dBASE III-Editor wird mit dem Befehl:

MODIFY COMMAND <Programmname>

aufgerufen.

Falls nicht im Programmnamen angegeben, wird die Namenserweiterung
"PRG" angenommen. Natürlich können auch Formatdateien oder andere
ASCII-Dateien mit dem Texteditor erstellt oder verändert werden.

Der dBASE III-Editor hat in der Handhabung zum Teil die gleichen
Befehle wie das populäre Textverarbeitungsprogramm WORDSTAR, ist
allerdings eingeschränkt auf die Möglichkeiten, die für die
Programmerstellung und -änderung notwendig sind.

Die einzelnen Textbefehle werden entweder über die speziellen Tasten
wie Pfeiltasten für die Cursorsteuerung, **INS-Taste** für Insert, oder mit
der Controltaste (angedeutet durch ^) und einen oder zwei Buchstaben
eingegeben:

Tasten	Funktion
Pfeiltasten	Der Cursor wird in die entsprechende Richtung bewegt.
Backspace	löscht das links vom Cursor stehende Zeichen
^A oder HOME	Der Cursor wird an den Anfang eines Wortes bewegt.
^B	Der Cursor wird an das Ende der Zeile bewegt.
^C oder PgDn	blättert im Programm nach unten
^D	wie Cursorpfeil nach rechts
^E	wie Cursorpfeil nach oben
^F oder END	Der Cursor wird an den Anfang des nächsten Wortes bewegt,
^G oder DEL	löscht das Zeichen, auf dem der Cursor steht
^KB	Ein Paragraph wird neu formatiert.
^KR	Eine andere ASCII-Datei wird in das momentan bearbeitete kopiert.
^KW	Der Inhalt der gegenwärtig bearbeiteten Datei wird in eine andere geschrieben.

^M oder RETURN	Der Cursor wird an den Anfang der nächsten Zeile bewegt. Im Einfügemodus wird eine neue Zeile eingefügt.
^N	Hinter der auf der Zeile stehenden Cursor wird eine neue Zeile eingefügt
^Q oder ESC	Der Texteditor wird ohne Sicherung der Programmänderungen beendet.
^R oder PgDn	blättert im Programm nach oben
^S	wie Cursorpfeil nach links
^T	Alle Zeichen vom Cursor bis zum Anfang des nächsten Wortes werden gelöscht.
^V oder Ins	schaltet den Einfügemodus von Zeichen ein und beim andermaligen Drücken aus
^W	Der Texteditor wird mit Sicherung der Programmänderung beendet.
^X	wie Cursorpfeil nach unten
^Y	Die Zeile auf der der Cursor steht wird gelöscht
^Z	Der Cursor wird an den Anfang der Zeile bewegt

Für den Fall, daß der Programmierer einen anderen Texteditor auf dem Microcomputer bereits kennt oder aber der dBASE III-Editor in seinen Fähigkeiten den Anforderungen nicht ganz entspricht, besteht die Möglichkeit, einen anderen Texteditor zu verwenden und diesen mit dem Befehl

MODIFY COMMAND

aufzurufen. Die Möglichkeit ist genau in Abschnitt 8.6 mit der Option **TEDIT** beschrieben.

5.3 Setzen von dBASE III-Parametern (SET)

Mit dem **SET-Befehl** ist es möglich, bestimmte Parameter zu verändern oder zu spezifizieren.

Beispiel für das Ändern:

SET BELL ON

Bei bestimmten Operationen soll ein Piepston erscheinen. Dieser Befehl wird wieder mit

SET BELL OFF

zurückgesetzt.

Beispiel für das Spezifizieren:

SET FORMAT TO auto0000

bei Befehlen wie **APPEND** oder **EDIT** wird nicht die übliche dBASE III-Eingabemaske angezeigt sondern eine Datei mit dem Namen **"auto0000.fmt"**. Dieser Befehl wird wieder rückgängig gemacht mit

SET FORMAT TO

Die meisten **SET-Optionen** können auch geändert werden, indem man statt des kompletten Befehls das Schlüsselwort

SET

eingibt.

Es erscheint dann eine Bildschirmmaske, auf der die **SET-Optionen** nach Funktionsgruppen gegliedert sind und mit den Cursortasten ausgewählt werden können. Eine Änderung der angewählten Option hängt dann von der Art der Option ab.

Bei **ON/OFF-Optionen** wird mit dem Betätigen der **Leertaste** hin- und hergeschaltet. Mit der **ESC-Taste** kann dann die entsprechende Änderung bestätigt werden.

Bei den anderen Optionen muß die spezielle Eingabe spezifiziert werden,
so z. B. bei der **SET FORMAT-Option** der Name der Formatdatei.

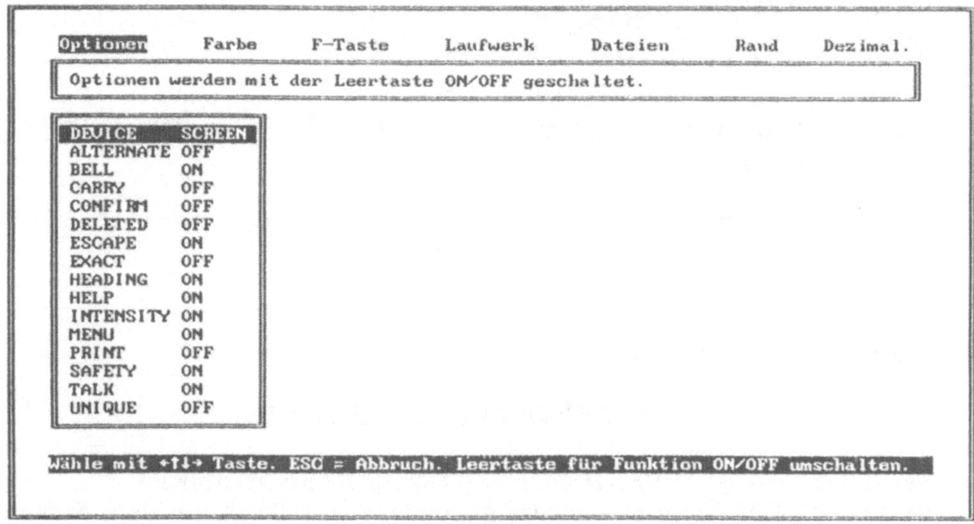

Es folgt nun eine Liste der **SET-Optionen** mit der Befehlssyntax,
Bedeutung und einem Beispiel.

SET ALTERNATE

Syntax: **SET ALTERNATE ON/OFF**

      SET ALTERNATE TO <Dateiname>

Bedeutung: Die ausgeführten Befehle und ihre Ergebnisse werden in
einer Textdatei mit protokolliert, ausgenommen sind die
bildschirmorientierten Befehle wie **BROWSE, EDIT,...**

162

SET BELL

Syntax: **SET BELL ON/OFF**

Bedeutung: Es wird ein Warnton ausgegeben, z. B. wenn bei der Eingabe das Feldende erreicht wurde.

SET CARRY

Syntax: **SET CARRY ON/OFF**

Bedeutung: Bei den Befehlen **INSERT** oder **APPEND** werden die Feldinhalte für den neuen Satz von dem vorherigen Satz übernommen. In diesem Modus ist es möglich, gleiche oder gleichartige Feldinhalte ohne großen Erfassungsaufwand in die Datenbank einzupflegen.

Beispiel: Bei **SET CARRY OFF** werden die Feldinhalte ohne und beim **APPEND** mit Leerzeichen vorbesetzt. Bei **SET CARRY ON** werden die Eingabefelder mit den Werten des vorherigen Satzes gefüllt.

SET COLOR

Syntax: **SET COLOR TO <Standardbildschirm>**
[,<Bildschirm für Hervorhebung>] [,<Bildschirmrand>]

Bedeutung: Bei einem Farbmonitor können die Farbe und die Farbintensität gesetzt werden; bei unifarbigen Bildschirmen Helligkeit und Bildschirmattribute wie z. B. Unterstreichung. Im Modus für den Standardbildschirm erfolgt die normale Ein- und Ausgabe. Der Modus **"Hervorhebung"** wird z. B. als Assistent für die Cursorauswahl eingesetzt. Für beide Modi besteht die Angabe aus je einem Farbpaar. Vordergrundfarbe/Hintergrundfarbe

Farbe	Buchstabencode	Zahlencode	Anmerkung
Schwarz	Leerzeichen	0	Standardwert
Blau	B	1	
Grün	G	2	
Cyan	BG	3	
Rot	R	4	
Magenta	BR	5	
Gelb	GR	6	
Weiß	W	7	Standardwert

Beispiel: **SET COLOR TO 7/1, 1/7,1** setzt den Bildschirm im Standardmodus auf Blau mit weißer Schrift, im Hervorhebungsmodus auf Weiß mit blauer Schrift und einen blauen Bildschirmrand. Unter Verwendung der Buchstabencodes heißt der Befehl:

SET COLOR TO W/B, B/W, B

Die Verwendung von Buchstabencodes oder Zahlencodes ist gleichwertig; man sollte sich jedoch bei einer Anwendung für eine Form entscheiden.

SET CONFIRM

Syntax: **SET CONFIRM ON/OFF**

Bedeutung: Diese Option bestimmt die Bewegung des Cursors bei der Dateneingabe. Der Standardwert ist **OFF** und bedeutet, daß beim Erreichen eines Feldendes der Cursor automatisch auf den Anfang des nächsten Feldes gesetzt wird. Bei **CONFIRM ON** wird erst dann zum nächsten Feld gesprungen, wenn die **RETURN-Taste** betätigt wurde.

SET CONSOLE

Syntax: **SET CONSOLE ON/OFF**

Bedeutung: Es wird die Bildschirmanzeige (außer Fehlermeldungen, siehe hierzu **SET TALK OFF**) ein- bzw. ausgeschaltet. Diese Option kann nur im Programm-Modus verwendet werden, um z. B. eine Ausgabe von **REPORT** oder **LABEL** nur auf den Drucker auszugeben. Standardmäßig ist **CONSOLE ON** eingestellt.

SET DEBUG

Syntax: **SET DEBUG ON/OFF**

Bedeutung: Mit der Option wird die Lokalisierung von Fehlern in einem Programm geschaltet (Standardwert ON)

SET DECIMALS

Syntax: **SET DECIMALS TO <numerischer Ausdruck>**

Bedeutung: Es wird die Mindestanzahl der Dezimalstellen festgelegt, die bei den Funktionen wie **SORT ()**, **LOG ()** und **EXP ()** verwendet wird.

Beispiel: **? SQRT (5.55)**
        2.36
      SET DECIMALS TO 4
      ? SQRT (5.55)
        2.3558

SET DEFAULT

Syntax: **SET DEFAULT TO <Laufwerk>**

Bedeutung: Mit dieser Angabe kann das Standardlaufwerk umdefiniert werden. Beim Aufruf von dBASE wird das Laufwerk zum Standardlaufwerk, auf dem sich das Programm dBASE.EXE befindet.

Beispiel: dBASE wurde von Laufwerk C gestartet. Die Benutzerdateien sollen aber auf Laufwerk A verarbeitet werden,
dann heißt der entsprechende Befehl

SET DEFAULT TO a:

<u>SET DELETED</u>

Syntax: **SET DELETED ON/OFF**

Bedeutung: Zur Löschung markierte Sätze (angedeutet mit *) werden
berücksichtigt **(ON)** oder nicht berücksichtigt
(Standardwert OFF)

Beispiel: **USE AUTOS
DELETE RECORD 2**


```
. LIST FOR fabrikat = "Mercedes"
 Satz #   FABRIKAT    TYP           HUBRAUM  PS KATALYSAT ZYLINDER
     1   Mercedes    190             1997 105 .F.            4
     2 *Mercedes    190E            1997 122 .T.            4
     3   Mercedes    230E            2299 136 .F.            4
     4   Mercedes    300E            2962 190 .F.            6
. SET DELETED ON
. LIST FOR fabrikat = "Mercedes"
 Satz #   FABRIKAT    TYP           HUBRAUM  PS KATALYSAT ZYLINDER
     1   Mercedes    190             1997 105 .F.            4
     3   Mercedes    230E            2299 136 .F.            4
     4   Mercedes    300E            2962 190 .F.            6
.
```

<u>**SET DELIMITER**</u>

Syntax: **SET DELIMITER ON/OFF**
              SET DELIMITER TO [<max. 2 Zeichen>] [DEFAULT]

Bedeutung: Bei Bildschirmmasken wird der Anfang und das Ende
              eines Feldes markiert. In der ersten Form wird
              angegeben, daß die Feldgrenzen markiert werden
              (Standardwert ist **OFF**); in der zweiten Form wird das
              Zeichen für die Feldgrenzen festgelegt (Standardwert
              oder DEFAULT-Wert ist hierbei der Doppelpunkt)

Beispiel: **SET DELIMITER ON**
              SET DELIMITER TO "_"
              (Feldanfang und Feldende wird mit "_" markiert)
              SET DELIMITER TO "()"
              (Feldanfang wird mit "(" und Feldende mit ")" markiert)

<u>**SET DEVICE**</u>

Syntax: **SET DEVICE TO <PRINTER/SCREEN>**

Bedeutung: Mit **SET DEVICE** kann die Ausgabe der Befehle @...SAY
auf   den Drucker oder auf den Bildschirm gelegt
werden. Standardwert ist der Bildschirm.

Beispiel: **SET DEVICE TO PRINTER**
(Ausgabe erfolgt auf dem Drucker)

<u>**SET ECHO**</u>

Syntax: **SET ECHO ON/OFF**

Bedeutung: Im Programm-Modus werden bei **ECHO ON** die
ausgeführten Befehle auf dem Bildschirm oder Drucker
protokolliert. Entspricht in der Funktion den **TRACE**-
Möglichkeiten in **BASIC**. Standardwert für **ECHO** ist
OFF. Dieser Befehl ist sehr hilfreich bei der Erstellung
von Programmen und bietet eine sehr nützliche Hilfe bei
der Fehlersuche.

<u>**SET ESCAPE**</u>

Syntax: **SET ESCAPE ON/OFF**

Bedeutung: Ermöglicht (Standardwert **ON**) oder verhindert den Abbruch einer Programmausführung mit der **ESC-Taste**.

SET EXACT

Syntax: **SET EXACT ON/OFF**

Bedeutung: Mit dieser Option kann der Vergleich von Zeichenketten
                  beeinflußt werden. Zwei Zeichenketten unterschiedlicher
                  Länge werden von links beginnend Einzelzeichen für
                  Einzelzeichen verglichen, bis die kürzere der beiden
                  Zeichenketten mit dem Anfang der anderen Zeichenkette
                  übereinstimmt. **EXACT ON** verlangt nur, daß die kürzere
                  Zeichenkette auf der rechten Seite mit der längeren
                  Zeichenkette am Anfang übereinstimmt (Standardwert).

Beispiel: **? "Mai" = "Maier"**
           .F.
           ? "Maier" = "Mai"
           .T.
           SET EXACT ON
           ? "Maier" = "Mai"
           .F.

Das Ergebnis eines Vergleichs ist ein logischer Ausdruck der mit ?
ausgegeben werden kann.

SET FILTER

Syntax: **SET FILTER TO [<Bedingung>]**

Bedeutung: Mit dieser Anweisung kann ein Filter für die aktuelle
                  Datenbank definiert werden, so daß dBASE nur die
                  Datensätze zur Verarbeitung anbietet, die der Bedingung
                  genügen. Mit **SET FILTER TO** wird die Bedingung
                  wieder aufgehoben.

Beispiel:

```
. USE AUTOS
. SET FILTER TO zylinder = 6
. LIST ALL
 Satz #   FABRIKAT    TYP          HUBRAUM  PS KATALYSAT ZYLINDER
       4  Mercedes    300E            2962 190 .F.              6
       6  BMW         320i            2000 125 .F.              6
       7  BMW         520i            2000 125 .F.              6
       8  BMW         524td           2443 115 .F.              6
      12  Opel        Senator 3.0E    3000 180 .F.              6
      20  Ford        Sierra XR4i     2800 150 .F.              6
.
```

SET FIXED

Syntax: **SET FIXED ON/OFF**

Bedeutung: Diese Option gibt an, ob bei der Anzeige von numerischen Daten eine feste (fixe) Anzahl von Dezimalstellen ausgegeben werden soll. Standardwert ist **OFF**

Beispiel: **? 5+4**
       9
      SET FIXED ON
      ? 5+4
       9.00

Die Anzahl der Dezimalstellen wird mit **SET DECIMALS** vorgegeben.

SET FORMAT

Syntax: **SET FORMAT TO <Dateiname>**

Bedeutung: Mit diesem Befehl wird eine selbst entworfene Bildschirmmaske (siehe hierzu auch Paragraph 5.4) aktiviert. Die Formatdatei sollte die Namenserweiterung **"fmt"** haben.

Beispiel: **SET FORMAT TO auto0000**
          (aktivieren der Formatdatei **auto0000.fmt**)
          SET FORMAT TO
          (schließen der aktiven Formatdatei; sollte stets ge-
          macht werden, wenn die Bildschirmmaske nicht mehr be-
          nötigt wird).
          Gleichwertig zum letzten Befehl ist:
          CLOSE FORMAT

SET FUNCTION

Syntax: **SET FUNCTION <numerischer Ausdruck> TO <Zeichenkette>**

Bedeutung: Mit diesem Befehl lassen sich die Funktionstasten außer
              der Taste **F1** mit einer eigenen Befehlskette
              programmieren. Die Befehlskette kann maximal 30
              Zeichen lang sein. Die **RETURN-Taste** wird in der
              Zeichenkette durch das Semikolon (;) symbolisiert.
              Die Standardbelegung der Taste sieht so aus:

TASTE	FUNKTION	TASTE	FUNKTION
F1	help;	F6	display status;
F2	assist;	F7	display memory;
F3	list;	F8	display;
F4	dir;	F9	append;
F5	display structure;	F10	edit;

Beispiel: **SET FUNCTION 6 TO "DO AUTO0000;"**
             SET FUNCTION 7 TO "SET FORMAT TO"
             SET FUNCTION 8 TO "!MP;"

Bei Betätigen von der Taste **F6** wird das Programm "AUTO0000" zur
Ausführung gebracht, die Taste **F7** bewirkt, daß nur der Name der
Formatdatei angegeben werden muß und die Taste **F8** ruft das Programm
MP (Multiplan) auf. Letzteres gilt nur, wenn Multiplan auf dem
Standardlaufwerk installiert ist und der interne Speicher über genügend
freien Platz verfügt.

> **SET FUNCTION 9 TO "USE auto; LIST; USE;"**
> führt die drei Befehle

> **USE autos**
> **LIST**
> **USE**

bei Betätigung der Taste **F9** aus. Mit dem Befehl **DISPLAY STATUS**
erhält man:

```
Funktion 1  F1    - help;
Funktion 2  F2    - assist;
Funktion 3  F3    - list;
Funktion 4  F4    - dir;
Funktion 5  F5    - display structure;
Funktion 6  F6    - DO AUTö0000;
Funktion 7  F7    - SET FORMAT TO
Funktion 8  F8    - !MP;
Funktion 9  F9    - USE autos;LIST;USE;
Funktion 10 F10   - edit;
```

Mit diesem Befehl läßt sich auch die Handhabung des dBASE III-Editors vereinfachen. Die Befehlskette, die auf eine der Funktionstasten gelegt werden kann, muß nicht unbedingt aus darstellbaren Zeichen bestehen, sondern kann auch **CONTROL-Zeichen** enthalten. So lassen sich die Zeichen

^N (**=ASCII-Code=14**) für Zeile einfügen

^Y (**ASCII-Code=25**) für Zeile löschen

unter Zuhilfenahme der **CHR-Funktion** auf eine Funktionstaste legen.

SET FUNCTION 4 TO CHR(14)

SET FUNCTION 5 TO CHR(25)

Durch Betätigung der Taste **F7** bzw. **F8** erhält man nun die gewünschten Editorfunktionen, die zum Teil auch im Edit- oder Browsemodus einsetzbar sind.

SET HEADING

Syntax: **SET HEADING ON/OFF**

Bedeutung: Mit dieser Option kann gesteuert werden, ob Spalten-überschriften bei **DISPLAY**, **LIST**, **SUM** oder **AVERAGE** ausgegeben wurden (**ON** ist Standardwert) oder nicht.

SET HELP

Syntax: **SET HELP ON/OFF**

Bedeutung: Mit dieser Option entscheidet man, ob bei einem falsch
               eingegebenen Befehl, die Frage

               "Wünschen Sie Hilfe? (J/N)"

               erscheint. Standardwert ist **"ON"**, d. h. es wird
               eine Hilfestellung angeboten. Anderenfalls wird nur
               "* Unbekannter Befehl"** angezeigt und die erste Stelle
               die unverständlich ist, markiert. Im Programm-Modus
               sollte die Option auf **"OFF"** eingestellt sein, da ein
               fertiges Programm keine syntaktischen Befehle haben
               sollte.

Beispiel:

```
. HILF MIR MAL
*** Unbekannter Befehl
       ?
HILF MIR MAL
Wünschen Sie HILFE? (J/N) Nein
. SET HELP OFF
. HILF MIR MAL
*** Unbekannter Befehl
       ?
HILF MIR MAL
. SET HELP ON
```

SET INDEX

Syntax: **SET INDEX TO [<Liste von Indexdateien>]**

Bedeutung: Mit diesem Befehl können Indexdateien zu einer
               aktivierten Datenbank eröffnet werden. Da zu einer
               Datenbank bis zu 7 Indexdateien definiert werden
               können, wobei die im **USE-Befehl** an der ersten Stelle
               stehende Indexdatei die Satzordnung angibt, ist es
               möglich, diese erste Stelle anders zu besetzen.

Beispiel: **USE autos**
           SET INDEX TO autos1, autos5
           (für die aktive Datenbank **"autos"** werden beide Index-
           dateien eröffnet. Die Satzanordnung wird von **"autos1"**
           vorgegeben).
           SET INDEX TO autos2, autos1
           (beide Indexdateien bleiben eröffnet. Die Satzan-
           ordnung kommt nun von **"autos2"**).

174

<u>**SET INTENSITY**</u>

Syntax: **SET INTENSITY ON/OFF**

Bedeutung: Diese Option verändert die Möglichkeiten, die im Befehl
"**SET COLOR**" gesetzt wurden. Ist **SET INTENSITY** auf
ON geschaltet (Standard), so wird zwischen den
Bildschirmattributen für die Normaldarstellung und die
Hervorhebung unterschieden. Anderenfalls wird nur die
Normaldarstellung gewählt.

<u>**SET MARGIN**</u>

Syntax: **SET MARGIN TO <numerischer Ausdruck>**

Bedeutung: Hiermit kann die Druckerposition für den linken Rand
eingestellt werden. Standardmäßig wird die Druckerspalte 0 als linker Rand gesetzt, d. h. die erste
Druckerspalte ist die Position 1.

Beispiel: **SET MARGIN TO 8**

<u>**SET MENUS**</u>

Syntax: **SET MENUS ON/OFF**

Bedeutung: Mit dieser Option kann man bestimmen, ob bei bildschirmorientierten Befehlen, die Erläuterungen für die
Cursorsteuerungen erscheinen. Bei **SET MENUS ON** wird
diese Erläuterung angezeigt (Standardwert) bei **OFF** ist
sie ausgeschaltet. Zwischen diesen beiden Modi kann man
auch mit der **F1-Taste** hin- und herschalten, wenn ein
bildschirmorientierter, interaktiver Befehl ausgeführt
wird.

<u>**SET PATH**</u>

Syntax: **SET PATH TO [<Pfadliste>]**

Bedeutung: Dieser Befehl stellt eine Schnittstelle zum **PATH–Befehl**
                 des Betriebssystems MS-DOS von Version 2.0 an aufwärts
                 dar und ermöglicht Inhaltsverzeichnisse (Directories)
                 für die Suche nach Dateien dBASE III verfügbar zu
                 machen.

Beispiel: **SET PATH TO   A:DATEN, C:DATEN1
DO AUTO1000**
Unter der Voraussetzung, daß die Laufwerke A und C
installiert sind und die entsprechenden Inhaltsverzeichnisse dazu definiert sind (siehe auch den Befehl
MKDIR vom MS-DOS), werden die Inhaltsverzeichnisse in
der Reihenfolge
            - Standardinhaltsverzeichnis =
            - Inhaltsverzeichnis DATEN vom Laufwerk A
            - Inhaltsverzeichnis DATEN1 vom Laufwerk C
durchsucht, bis eine Datei mit dem Namen **AUTO1000.PRG**
gefunden wird.

<u>**SET PRINT**</u>

Syntax: **SET PRINT ON/OFF**

Bedeutung: Im Vergleich zu der Option **SET DEVICE TO PRINT**,
                 die alle **@...SAY-Befehle** auf dem Drucker ausgibt, wird
                 mit dieser Option die Ausgabe aller anderen Befehle zum
                 Drucker geleitet (=ON) oder nicht (Standardwert **OFF**)

<u>**SET PROCEDURE**</u>

Syntax: **SET PROCEDURE TO [<Prozedurdatei>]**

Bedeutung: In der Programmierung ist es oft sinnvoll, immer
                 wiederkehrende Befehlsfolgen nicht an allen möglichen
                 Stellen im Programm zu wiederholen, dadurch werden die
                 Programme unübersichtlich und Laufzeitintensiver; es
                 ist vielmehr sinnvoll, diese Befehlsfolgen auszu-
                 gliedern und mittels des **DO-Befehls** zur Ausführung zu
                 bringen. Hat man mehrere solcher Befehlsfolgen, so
                 können diese in einer Prozedurdatei zusammengefaßt
                 werden (maximal 32 Prozeduren) und mit dem **SET
                 PROCEDURE TO <Prozedurdatei>** zur Ausführungszeit
                 zu dem aufrufenden Programm geladen werden.

Die Wirkungsweise eines aufrufenden Programms mit zwei aufgerufenen
Prozeduren aus einer Prozedurdatei soll mit dem folgenden Beispiel
erläutert werden:

Beispiel: Aufrufendes Programm   :   **MASTER.PRG**
                 Prozedurdatei   :   **PRO1, PRO2**
                 Name der Prozedur   :   **PROZED.PRG**

                 Der Inhalt der Datei   :   **MASTER.PRG**

```
* Aufrufendes Programm      MASTER.PRG für
* die Prozeduren            PRO1 und PRO2
* in der Prozedurdatei      PROZED.PRG
*
SET PROCEDURE TO prozed
* Prozedurdatei eröffnen
DO pro2
*
DO pro1
*
SET PROCEDURE TO
* Schließen der Prozedurdatei
*
* Dieser Befehl ist sehr wichtig. Falls dieser Befehl nicht ausgeführt
* wird (z.B. Programmabbruch), wird der Befehl DO MASTER beim nächsten
* Aufruf dazu führen, daß die Prozedur MASTER in der Prozedurdatei
* PROZED.PRG gesucht wird.
* Es erfolgt dann eine Fehlermeldung.
* Abhilfe: SET PROCEDURE TO   eingeben !!!


  .
  .
  .


* Prozedurdatei: PROZED.PRG
*
PROCEDURE pro1
    ? "Hier ist Pro1"
    RETURN
*
PROCEDURE pro2
    ? "Hier ist Pro2"
    RETURN

. do master
Hier ist Pro2
Hier ist Pro1
```

177

<u>**SET RELATION**</u>

Syntax: **SET RELATION [TO <Schlüsselausdruck>] INTO <Alias>**

Bedeutung: Ein ausführliches Beispiel zu diesem Befehl finden Sie
im Abschnitt 7.4. Dieser Befehl verbindet zwei geöffnete Dateien anhand eines gemeinsamen Schlüsselbe-
griffs und stellt die Daten der beiden Datenbanken in
einer Relation zur Verfügung.

<u>**SET SAFETY**</u>

Syntax: **SET SAFETY ON/OFF**

Bedeutung: Diese Option steuert eine Sicherheitsvorkehrung,
Dateien vor versehentlichen Überschreiben oder Zer-
stören zu schützen. Ist die Option auf **ON** geschaltet
(Standard), so wird vor dem Überschreiben einer Datei
gemeldet:

<Dateiname> vorhanden, Überschreiben erwünscht?

(J/N)

Im Programmier-Modus liegt die Handhabung der
Dateien
in der Verantwortung eines korrekt arbeitenden
Programms, d. h. die Entscheidung eine Datei zu über-
schreiben, muß das Programm fällen und kann nicht der
Anwender entscheiden.

Beispiel:


```
. use autos
. index on typ to autos1
.    20 Sätze indiziert
. index on typ to autos3
autos3.ndx bereits vorhanden, überschreiben erwünscht? (J/N) Nein
. set safety off
. index on typ to autos3
     20 Sätze indiziert
```

SET SCOREBOARD

Syntax: **SET SCOREBOARD ON/OFF**

Bedeutung: In der Zeile 0 werden vom dBASE III bestimmte
Meldungen wie **"* gelöscht *"** oder **"Bereich =..."** beim
@...GET-Befehl mit der **RANGE-Option** angezeigt.
Sollen diese Meldungen nicht erscheinen (Standardwert ist
ON), so muß der Wert auf **OFF** gesetzt werden.

SET STEP

Syntax: **SET STEP ON/OFF**

Bedeutung: Die Option gehört in den Bereich der Test- und
Programmierhilfen und ermöglicht eine bessere Hilfe bei
der Suche von Programmfehlern. Ist diese Option auf **ON**
geschaltet, so wird das ausgeführte Programm nach jeder
Anweisung angehalten und dem Programmierer gemeldet.
Einen Schritt weiter mit jeder Taste - **ESC** zum Abbruch. Standardwert ist **OFF**.

SET TALK

Syntax: **SET TALK ON/OFF**

Bedeutung: Diese Option aus dem Bereich Test- und Programmierhilfen steuert, ob die Ergebnisse einiger dBASE III-
Befehle wie **LOCATE, Wertzuweisung,** etc. auf dem Bildschirm angezeigt werden (Standard **ON**) oder nicht.

<u>**SET UNIQUE**</u>

Syntax: **SET UNIQUE ON/OFF**

Bedeutung: Mit dieser Option kann gesteuert werden, ob bei der
Indexverarbeitung Sätze mit den gleichen Schlüssel-
feldern nur einmal enthalten sind (**ON**) oder nicht
(Standardwert **OFF**).

Beispiel: Aus der Datenbank **"autos.dbf"** soll nur der erste Typ
eines Fabrikats angezeigt werden.

```
. use autos
. index on fabrikat to autos4
   ' 5 Sätze indiziert
. list
 Satz #  FABRIKAT    TYP          HUBRAUM  PS KATALYSAT ZYLINDER
      5  BMW         318i            1800 102 .F.              4
     17  Ford        Fiesta L        1100  50 .F.              4
      1  Mercedes    190             1997 105 .F.              4
      9  Opel        Kadett GSI      1800 115 .F.              4
     13  VW          Golf GTI        1800 112 .F.              4
```

Es werden von den 20 Sätzen nur 5 indiziert und zwar
diejenigen, die sich in der Angabe Fabrikat unterscheiden. Diese Dateneinschränkung bezieht sich nur auf
den Index und läßt die Ursprungsdaten unverändert.

5.4 Bildschirmformate

Bildschirmformate oder -masken kommt eine zentrale Bedeutung in einem
Programm zu. Über die Bildschirmmaske werden Informationen aus dem
Programm an den Anwender gesendet und Daten vom Anwender an das
Programm übergeben.

Die Bildschirmmaske stellt die Schnittstelle zwischen dem Programm und
dem Anwender dar. Zu den Aufgaben der Bildschirmformate gehören:

- Information vom Programm auf den Bildschirm senden (SAY-
  Befehl)

- Daten vom Bildschirm in die entsprechenden Variablen
  übertragen
  (GET-Befehl) und aktivieren (READ-Befehl)

- Löschen des Bildschirms (CLEAR-Befehl)

- einfache Ausgabe von Werten und Texten mit dem ?-Befehl

Der ?-Befehl wurde schon an einigen Stellen in diesem Buch verwendet
und dient zur Anzeige von Werten und Texten:

    ? <Ausdruckliste>

Beispiel:

Anzeige von einer Berechnung

    ? 1 + 2 * 3
    7

Anzeige von Systemdatum und Systemzeit

    ? DATE (), TIME ()
    17.08.85   18:10:20

Anzeige eines Textes

   ? "* Ende der Verarbeitung *"
   Ende der Verarbeitung

Mit dem **SAY-Befehl** kann ein anwenderorientiertes Ausgabeformat
erstellt werden. Die Syntax lautet:

@ <Zeile, Spalte> SAY <Ausdruck>

Das **@-Zeichen** dient als Kennzeichen für diesen Befehl und ist auf der
Standardtastatur mit dem Betätigen der Tasten

ALT   +   CTRL   +   2

zu erstellen. In einigen Programmwiedergaben wird dieses Zeichen auch
durch das **§-Zeichen** ersetzt.

Zeile und Spalte können entweder numerische Konstanten oder Ausdrücke
sein, die die entsprechenden Zeilen- bzw. Spaltenkoordinaten angeben.

Der Bildschirm ist in 24 Zeilen und 80 Spalten aufgeteilt. Die Zeilen sind
von 0 bis 23 durchnummeriert, wobei die Zeile 0 von dBASE III für
Meldungen verwendet wird. Die Spalten erhalten die Nummern von 0 bis
79. Für den **SAY-** und den **GET-Befehl** werden diese beiden Angaben
für das Positionieren auf dem Bildschirm benötigt.

Beispiel:

Ausgabe eines Textes an der Position (7,24)

@ 7,24 SAY "Text"

Ausgabe des Inhalts der Variablen **"a0000"** an der Stelle
(Zeile + 1, Spalte - 4)

a0000 = "* Test *"
Zeile =   6
Spalte = 28
@ Zeile + 1, Spalte - 4 SAY a0000

Mit dem **GET-Befehl** kann zunächst der Inhalt einer Variablen angezeigt
werden und mit einem nachfolgenden **READ-Befehl** vom Anwender mit
einem neuen Inhalt erfragt werden. Die Syntax der Befehle lautet:

    @ <Zeile, Spalte> GET <Variable>

und

    READ

Beispiel:

```
t1 = "xxxx"
w1 = 10
@ 2,2 GET t1
@ 4,2 GET w1
READ
```


Die beiden Variablen "t1" und "w1" werden mit Anfangswerten belegt
und damit als Textvariable bzw. als numerische Variable definiert. Diese
beiden Variablen werden mit den beiden **GET-Befehlen** an den
entsprechenden Bildschirmpositionen ausgegeben. Durch den nachfolgenden **READ-Befehl** werden neue Inhalte für die beiden **GET-
Variablen** erfragt.

Bei der bildschirmorientierten Verarbeitung muß die eventuell auf dem
Bildschirm befindliche Anzeige zuvor gelöscht werden.
dBASE III bietet hierzu eine Reihe von Möglichkeiten, von denen der
CLEAR-Befehl am häufigsten verwendet wird:

    CLEAR

bewirkt, daß der gesamte Bildschirm gelöscht wird.

Bevor eine neue Bildschirmmaske ausgegeben wird, muß zuvor der alte
Inhalt mit dem **CLEAR-Befehl** gelöscht werden. Dieser Befehl setzt
außerdem den Cursor in die linke obere Ecke. Diese Bild-
schirmsteuerbefehle können in einer Formatdatei mit der Namenserweiterung **"fmt"** zugefaßt werden. Mit dem **"SET FORMAT"-Befehl** kann
der Formataufbau dann auf den Bildschirm gegeben werden.

Das Löschen des Bildschirms mit der Anweisung

CLEAR

entspricht bei der Ausgabe auf dem Drucker (siehe dazu auch Paragraph 8.1) der Vorschub auf eine neue Seite. Der Befehl für den Seitenvorschub hat die Form

EJECT

5.5 Ein einfaches Beispielprogramm

An dieser Stelle sollen die bisher besprochenen Programmiermöglichkeiten mit einem einfachen Beispielprogramm veranschaulicht
werden.

Dieses Programm ist so gewählt und geschrieben, daß es als Basis für eine
Beispielanwendung dient.

Die Aufgabenstellung lautet:

Vom Anwender soll bildschirmmaskengesteuert eine Ziffer eingegeben
werden. Mit dem Programm ist diese Ziffer zu prüfen:

  - falls 1, dann erfolgt die Meldung **"Richtige Option"**;

  - falls 0, dann wird das Programm beendet;

  - sonst erfolgt die Meldung **"Falsche Option"**.

Die Aufgabenlösung gliedert sich in zwei Teile

- Erstellen einer Bildschirmmaske: Diese Maske soll den Namen
  "autotest.fmt" haben.

- Erstellen eines Programms: Dieses Programm soll den Namen
  "autotest.prg" haben.

In der Bildschirmmaske bzw. Formatdatei **"autotest.fmt"** benötigen wir die
folgenden dBASE III-Anweisungen:

- **SAY**: Hiermit wird eine bestimmte Position auf dem Bildschirm
  lokalisiert und eine Ausgabe vorgenommen. Es soll mit einer
  SAY-Anweisung auch der Formatname angezeigt werden.

- **GET**: Hiermit soll der Wert der Eingabevariablen erfragt werden.

- Kommentare mit * halten die Informationen über die
  Bildschirmmaske wie Namen und Verwendungszweck fest.

Insgesamt legen wir die Formatdatei wie folgt fest:

```
* autotest.fmt          Test - Bildschirmmaske
* ------------------------------------------------------------
@  2, 0 SAY "                         T E S T"
@  2,70 SAY "autotest"
@  6, 0 SAY "                  Anwendungsauswahl:"
@  8, 0 SAY "                  1 - Richtige Option"
@ 14, 0 SAY "                  0 - Ende"
@ 18, 0 SAY "                  Bitte wählen Sie:"
@ 18,37 GET a0000
```

Diese Anweisungsfolge wird mit dem **Programmeditor** erstellt.

Für die Programmdatei **"autotest.prg"** benötigen wir die Anweisungen:

- Setzen von dBASE III-Parametern mit dem in Abschnitt 5.3 besprochenen **SET-Befehl**. Die hier gesetzten Parameter sind für den Programmier-Modus sinnvoll bzw. notwendig.

- Bildschirmsteuerung

  - **SAY** und **GET** wie bereits bei der Formatdatei ausgeführt wurde;

  - **READ** für die Eingabe und Änderung von Variablen, die mit **GET-Befehlen** angezeigt werden;

  - **CLEAR** für das Löschen des Bildschirms;

  - **?-Befehl** für die Anzeige von Texten.

- Steueranweisungen:

  - **DO WHILE <Bedingung>...ENDDO** für die wiederholte Bearbeituı von Befehlen. Die Bedingung wurde auf ".T." gesetzt und kann nur von den Befehlen zwischen **DO WHILE** und **ENDDO** beendet werden. Diese Befehle wurden wegen der besseren Leseart eingerückt.

- **DO CASE...ENDCASE** führt die Befehle in der zutreffenden **CASE**-Klausel** oder **OTHERWISE** aus. In dem Beispiel sind es die Fälle:

    - 1 gleich richtige Option;

    - 0 gleich Bearbeitung beenden;

    - sonst falsche Option.

Sonstige Anweisungen:

- Wertzuweisung zum Definieren und Initialisieren einer Variablen;

- **RETURN**, um das Programm zu beenden und die Kontrolle an dBASE III zurückzugeben;

- Kommentare mit *, zum besseren Verständnis und zur Übersicht des Programms.

Das Programm **"autotest.prg"** wird nun mit dem Editor erstellt:

```
*****************************************************************************
*                                                            autotest.prg *
*             T E S T - Programm                                          *
*****************************************************************************
SET ESCAPE   ON
SET HEADING  OFF
SET SAFETY   OFF
SET TALK·    OFF
SET DEBUG    OFF
SET ECHO     OFF
SET EXACT    OFF
SET BELL     OFF
*
* Variable initialisieren
*
a0000   = " "
*
SET FORMAT TO autotest
SET DEVICE TO SCREEN
CLEAR
*
DO WHILE .T.
    READ
    DO CASE
*
        CASE a0000 = "1"
           @ 18,37 GET a0000
           @ 21, 3 SAY '===>   Richtige Option '
*
        CASE a0000 = "O"
           CLEAR
           ? '****************************'
           ? '*  Ende der Verarbeitung *'
           ? '****************************'
           RETURN
*
        OTHERWISE
           SET FORMAT TO
           @ 18,37 GET a0000
           @ 21, 3 SAY '===>   Falsche Auswahl'
    ENDCASE
ENDDO
```

Dieses Programm wird mit

DO autotest

zur Ausführung gebracht. Es erscheint nun die Bildschirmmaske:

```
. do autotest
```

```
                    T E S T                       autotest


            Anwendungsauswahl:

            1 - Richtige Option




            0 - Ende


            Bitte wählen Sie:
```

Das Programm kann nun mit den unterschiedlichen Eingaben auf
Korrektheit überprüft werden. Eventuell auftretende Fehler können mit
dem Editor korrigiert und erneut überprüft werden.

5.6 Kapitelzusammenfassung

Beim Arbeiten mit dBASE III entsteht oft die Notwendigkeit, eine
Befehlsfolge nicht unmittelbar eingeben zu wollen, sondern stattdessen die
Befehle in einer Datei abzustellen und sie bei Bedarf zur Ausführung zu
bringen.

dBASE III enthält eine vollständige Programmiersprache und bietet
Programmbausteine wie

      DO WHILE   für Verarbeitungsschleifen;

      DO CASE   für Mehrfachverzweigungen;

      IF THEN ELSE für alternative Ausführungen.

Für das Erstellen von Programmen und Bildschirmmasken wird ein
Programmeditor benötigt. Ein solcher Editor für das Einfügen, Löschen
und Ändern von Zeilen und Zeichen ist im dBASE III-System integriert.

dBASE III läßt sich durch eine Reihe von Parametern in der Ausführung
modifizieren. Diese Parameter können mit dem Befehl

      SET

vom Anwender oder dem ausgeführten Programm geändert werden.
Bildschirmformate sind die Schnittstelle zwischen dem Programm und
dem Anwender. Die Bildschirmsteuerung erfolgt über die Befehle:

          SAY   Ausgabe auf dem Bildschirm oder Drucker;

          GET   Erfragen einer Variablen vom Bildschirm;

          READ   Aktivieren der Bildschirmmaske;

          CLEAR   Löschen des Bildschirms.

6 Anwendungsentwicklung in dBASE III

Die bereits in Kapitel 5 beschriebenen Möglichkeiten der Programmentwicklung sollen in diesem Kapitel vertieft und erweitert werden.
Dazu gehören insbesondere

— das gleichzeitige Arbeiten mit mehreren Datenbanken und die
  Informationsanzeige aus den unterschiedlichen Datenbanken;

— die Verwendung von Attributen, mit der sich ein Teil der
  Verarbeitungslogik direkt in die Bildschirmmaske legen läßt;

— die Programmerstellung, die durch Test- und Entwicklungshilfen
  von dBASE III unterstützt wird;

— das Beispielprogramm, an dem die bisher behandelten Befehle
  vertieft und erläutert werden.

6.1 Arbeiten mit mehreren Datenbanken

dBASE III erlaubt das gleichzeitige Arbeiten mit bis zu 10 Daten-
bankdateien, dabei werden die einzelnen Datenbanken über Ein-/
Ausgabebereiche gesteuert, die die Nummern von 1 bis 10 tragen. Falls
ein solcher Ein-/Ausgabebereich nicht spezifiziert wird, wie es in den
bisherigen Beispielen vorgeführt wurde, nimmt dBASE III den
Standardbereich 1 an.

Die Anweisung für die Zuordnung der Datenbank zu einem bestimmten
Ein-/Ausgabebereich lautet:

SELECT <Arbeitsbereich>

Die Datenbank **"autos.dbf"** soll nicht über den Standardbereich 1 eröffnet
werden, sondern über den Bereich 2:

SELECT 2

USE autos

Für das Arbeiten mit mehreren Datenbanken soll nun eine zweite
Datenbank erstellt werden, in der die Namen und weitere Kenndaten der
Autobesitzer abgespeichert sind.

Diese Datenbank hat den Namen **"autobes.dbf"** und folgende Struktur:

```
Datenbankstruktur        - B:autobes.dbf
Anzahl der Datensätze    -          9
Letztes Änderungsdatum   - 29.08.85
Feld    Feldname     Typ           Länge     Dez
   1    NAME         Zeichen          20
   2    VORNAME      Zeichen          20
   3    STRASSE      Zeichen          20
   4    PLZ          Numerisch         4
   5    ORT          Zeichen          12
   6    FABRIKAT     Zeichen          10
   7    TYP          Zeichen          12
** Gesamt **                         99
```

Diese Datenbank ist mit folgenden Sätzen gefüllt:

```
1  Grün       Adam        Obere Str.4        2000 Hamburg      Ford      Sierra L
2  Esser      Paul        Hauptstr. 12       4300 Essen        VW        Polo GT
3  Schwarz    Peter       Poststr. 33        4630 Bochum       BMW       318i
4  Schwarz    Anton       Landstr. 4         5000 Köln         Mercedes  300E
5  Maier      Wolfgang    Kasseler Str       4000 Düsseldorf   BMW       318i
6  Mandel     Bernd       Hohe Str. 5        4600 Dortmund     Ford      Sierra L
7  Bauer      Richard     Rathausplatz       5000 Köln         Opel      Corsa L
8  Holtkamp   Michael     Andenstr. 7        5000 Köln         VW        Golf CL
9  Neumann    Alfred E.   Zeppelinstr. 123   8000 München      BMW       318i
```

Zu der bereits eröffneten Datenbank **"autos.dbf"** im Ein-/Ausgabe-
bereich 2 wird nun die neue Datenbank **"autobes.dbf"** über den
Standardbereich 1 eröffnet:

SELECT 1

USE autobes

Die Zuordnung der Ein-/Ausgabebereiche und der geöffneten Datenbanken werden mit dem Befehl

DISPLAY STATUS

angezeigt:

```
Selektierte Datenbank
Selektierter Bereich : 1. Datenbank eröffnet - B:autobes.dbf  ALIAS - AUTOBES

Selektierter Bereich : 2. Datenbank eröffnet - B:autos.dbf  ALIAS - AUTOS
```

In beiden Datenbanken gibt es die Felder "Fabrikat" und "Typ". Damit
taucht unmittelbar die Frage auf, wie die einzelnen Felder gezielt
angesprochen bzw. qualifiziert werden können, damit diese Felder
eindeutig angesprochen werden können.

Ein erster Hinweis für die verwendete Technik ist im "DISPLAY
STATUS"-Befehl mit der ALIAS-Ausgabe enthalten. Falls nicht anders
spezifiziert, ist dieser ALIAS-Name identisch mit dem Datenbanknamen.

Um ein Feld anzusprechen, muß nun dieser ALIAS-Name vorangestellt
werden und durch die Zeichen "->" mit dem Feldnamen verbunden sein:

autos->fabrikat

Diese Variable spricht das Feld "fabrikat" in der Datenbank "autos" an.
Der USE-Befehl ermöglicht die Variable eines ALIAS-Namens, in dem
die ALIAS-Klausel mit dem gewünschten Namen angehängt wird.

USE autos ALIAS db2

ein Feld dieser Datenbank kann dann mit

db2->typ

angesprochen werden.

Diese Namensvergabe unter Verwendung der ALIAS-Klausel gibt auch
eine größere Flexibilität bei Programmänderungen.

Soll z. B. eine strukturgleiche Datenbank mit einem anderen Namen
verarbeitet werden, so muß nur der USE-Befehl geändert werden.
Sämtliche Felder mit dem voranstehenden ALIAS-Namen sind von der
Änderung nicht betroffen, da der ALIAS-Name ein programminterner
Name ist.

In dem nachfolgenden Beispiel soll unter Verwendung der Namens-
gleichheit von ALIAS- und Datenbankname ein Autobesitzer gesucht
werden; in der Datenbank "autos.dbf" sollen dann entsprechende
technische Werte gesucht werden und Informationen aus beiden
Datenbanken ausgegeben werden. Im einzelnen sind nun die folgenden
Teilaufgaben zu lösen:

1. Eröffnen der beiden Datenbanken, wobei **"autos.dbf"** mit dem
   Index **"autos1"** eröffnet wird

2. Suchen des Autobesitzers **"Maier"** in **"autobes.dbf"**

3. Suchen der technischen Angaben über den Index in **"autos.dbf"**

4. Ausgabe der Felder
   Name, Fabrikat, Typ von **"autobes.dbf"**

   und

   Hubraum, PS von **"autos.dbf"**

5. Schließen der Datenbanken mit dem Befehl

   CLOSE DATABASE

Mit diesem Befehl werden sämtliche Datenbanken mit den dazugehörigen
Indexdateien ordnungsgemäß geschlossen.

Die Realisierung wird in die Programmdatei **"zweidb.prg"** eingetragen und
hat die Form:

```
SELECT 2
USE autos INDEX autos1
SELECT 1
USE autobes
LOCATE FOR name = "Maier"
SELECT 2
SEEK autobes->fabrikat + autobes->typ
DISPLAY autobes->name,autobes->fabrikat,autobes->typ,hubraum,ps
CLOSE DATABASE
```

Der Inhalt der Programmdatei kann mit der **TYPE-Anweisung** ausgegeben werden. Diese Anweisung hat die Form:

TYPE <Dateiname> [TO PRINT]

und lautet für unser Beispiel:

TYPE zweidb.prg

oder

TYPE zweidb.prg TO PRINT

Das Programm wird nun mit

DO zweidb

gestartet und wir erhalten:

```
. do zweidb
Satz =         5
 Satz #   autobes->name    autobes->fabrikat autobes->typ hubraum    ps
      5   Maier            BMW                318i            1800 102
   .
```

Spätestens an dieser Stelle taucht die Frage auf, wie ein Inhalts-
verzeichnis einer Diskette oder einer Festplatte angezeigt werden kann.
dBASE III stellt hierfür den **DIR-Befehl** zur Verfügung, der im übrigen
Ähnlichkeiten in der Handhabung zu dem gleichnamigen **MS-DOS-Befehl**
aufweist. In der einfachsten Form

DIR

werden die Namen sämtlicher auf dem Standardlaufwerk befindlicher
Datenbanken (d. h. Namenserweiterung gleich "dbf") angezeigt.

Außerdem erhält man Angabe über die Anzahl Sätze (#Sätze), das letzte
Änderungsdatum und die Größe in Bytes.

Mit dem **DIR-Befehl** können auch Informationen über andere Dateien abgefragt werden:

DIR *.ndx	**Anzeige aller Indexdateinamen**
DIR auto *.*	**bewirkt die Anzeige aller Dateien, deren Name mit "auto" beginnt und beliebig fortgesetzt wird und eine beliebige Namenserweiterung trägt.**

6.2 Attribute von Bildschirmmasken

Bei der Verarbeitung von Eingabedaten wird ein großer Teil des Programmieraufwandes dafür eingesetzt, die Daten auf formale Richtigkeit zu prüfen. Dazu gehören unter anderem

- Prüfen des Wertbereichs einer numerischen Variablen, die z. B. nur Werte von 600 bis 6300 erhalten kann;

- eine Zeichenkettenvariable, der nur Buchstaben als Inhalt zugeordnet werden soll;

- daß die Buchstaben einer Zeichenkette in Großbuchstaben umgewandelt werden sollen.

Diese Aufgabe und einiges mehr können über die **PICTURE-Klausel** und die **RANGE-Klausel** des "@...GET"- bzw. "@...SAY"-Befehls realisiert werden.

Die **RANGE-Klausel** findet bei dem "@...GET"-Befehl ihre Verwendung und hat die Form:

@ <zeile,spalte> GET <variable> RANGE <ausdruck,ausdruck>

Die beiden nach **RANGE** stehenden **Ausdrücke** geben jeweils die untere bzw. obere Grenze des Wertebereichs an.

Beispiel:

Die Variable Hubraum "soll" nur Werte, die 600 und größer sind, haben und einen maximal zulässigen Wert 6300 erhalten.

@ 10,10 GET hubraum RANGE 600,6300

Wird hierbei ein Wert außerhalb des zulässigen Bereichs eingegeben, so meldet diese dBASE III in der Zeile 0 mit der Angabe des zulässigen Bereichs und nach Betätigen der **Leertaste** kann der korrekte Wert eingegeben werden.

Die **PICTURE-Klausel** kann in Verbindung mit der "@...GET"- und
"@...SAY"-Anweisung verwendet werden.

> @ <zeile,spalte> SAY <Ausdruck> PICTURE <Klausel>
> GET <Variable> PICTURE <Klausel>

Die Klausel erhält Funktionen oder Maskensymbole. An dieser Stelle
sollen nur die gebräuchlichsten Maskensymbole verwendet werden.

Die Variable **"fabrikat"** soll als Inhalt nur Buchstaben erhalten.

> @ 20,20 GET fabrikat PICTURE "AAAAAAAAAA"
>
> **READ**

Da das Feld **"fabrikat"** eine Länge von 10 Zeilen hat, wird für jedes
Einzelzeichen das Symbol "A" eingesetzt. Als Eingaben werden nur
Buchstaben akzeptiert. Leerzeichen dürfen hierbei nur am Ende stehen,
also keine Leerzeichen zwischen den Buchstaben.

dBASE III kennt die folgenden Maskensymbole, die in der **PICTURE-Klausel** verwendet werden können:

9   - bei Zeichenketten Eingabe von Ziffern und bei numerischen Variablen von Ziffern und einem Vorzeichen;

\#   - Eingabe von Ziffern, Leerzeichen und Vorzeichen;

A   - nur Buchstaben und Leerzeichen am Ende;

L   - logische Wert: J oder N bzw. T oder F für TRUE oder FALSE;

N   - Buchstaben oder Zeichen;

X   - jedes beliebige Zeichen;

!   - Umwandlung von Buchstaben in Großbuchstaben;

$ - bei numerischen Werten werden führende Nullen durch das Dollar-Zeichen ersetzt;

*   - wie $-Klausel, Ersetzung durch das Sternzeichen;

.   - Festlegung der Dezimalstelle.

Beispiel:

@ 20,20 SAY fabrikat PICTURE "!!!!!!!!!!!!"

Der Inhalt des Feldes **"fabrikat"** wird in Großbuchstaben angezeigt. Hierbei ist für die deutsche Version von dBASE III anzumerken, daß auch die Umlaute entsprechend umgesetzt werden.

Die am Anfang umständlich erscheinende Schreibweise, die Klausel für jedes Zeichen zu wiederholen, hat den großen Vorteil, unterschiedliche Maskensymbole in einer **PICTURE-Klausel** verwenden zu können.

Artikel = SPACE (6)
@ 20,20 GET artikel PICTURE "AA###A"
READ

Durch die Kombinationsmöglichkeiten kann ein großer Teil des formalen
Aufbaus eines Feldes aus der Programmlogik in die
Ein-/Ausgabesteuerung verlagert und vereinfacht werden.

Die Verarbeitungsprogramme werden dadurch entsprechend kürzer,und
sehr verständlich, da der formale Aufbau der Inhalte in einer Zeile
zusammengefaßt ist.

6.3 Test- und Entwicklungshilfen

Bei der Programmerstellung wird ein großer Teil der Arbeit darauf
verwendet, das Programm fehlerfrei zu bekommen. Während das Erfassen
und Editieren des Programmes durch einen leistungsstarken Editor
unterstützt wird, wird für das Testen des Programms eine Reihe von
Instrumenten bereit gestellt, die man ggf. durch eigene Instrumente
erweitern kann.

An dieser Stelle sollen die bereits in Abschnitt 5.3 beschriebenen
Testoptionen des **SET-Befehls** zusammengefaßt und mit weiteren
Möglichkeiten ergänzt werden.

Der **SET-Befehl** kennt die vier folgenden Optionen für die Test-
unterstützung:

SET DEBUG ON - Hiermit kann die Lokalisierung von
Programmfehlern eingeschaltet werden.

SET ECHO ON - Bei der Programmausführung werden die
Befehle mit ausgegeben. Bei Verzweigungen
und Schleifen kann diese Option den Test
sehr gut unterstützen.

SET STEP ON - Das Programm wird nach jedem Befehl angehalten und mit einer beliebigen Taste einen
Schritt weiter ausgeführt.

SET TALK ON - Die Ergebnisse von einigen Befehlen wie
LOCATE oder Wertzuweisungen werden auf
dem Bildschirm angezeigt.

Es ist sinnvoll, die entsprechenden Optionen erst kurz vor der kritischen
und zu testenden Programmstelle einzuschalten und danach diese Option
mit "**OFF**" wieder auszuschalten.

Die in den Programmen verwendeten Variablen können durch ihren Inhalt
Aufschluß über den Programmablauf und interne Berechnungen geben.
Deshalb ist es sinnvoll, diese Variablen während des Programmablaufs zu
kontrollieren.

Mit dem Befehl

DISPLAY MEMORY

können diese Variablen jederzeit angezeigt werden.

Mit dem Befehl

DISPLAY MEMORY TO PRINT

werden diese Variablen auf dem Drucker ausgegeben und unterstützen bei komplexeren Programmen die Fehlersuche.

Die Programmerstellung ähnelt sehr stark der **"Try and Error"**-Methode, d. h.

- das Programm wird mit **DO** gestartet und ein Fehler wird festgestellt;

- dieser Fehler wird im Editor mit **MODIFY COMMAND** korrigiert und man startet das Programm erneut, d. h. man setzt bei Punkt 1 wieder auf.

Die beiden Befehle mit dem gewünschten Programmnamen müssen immer wieder eingegeben werden. Weniger aufwendig ist es, diese Befehle auf Funktionstasten zu legen und dadurch den Schreibaufwand zu reduzieren.

Diese Befehle könnten dann lauten:

SET FUNCTION 7 TO "DO auto0000;"

SET FUNCTION 8 TO "MODI COMM auto0000;"

dBASE III erlaubt es, jeden Befehl mit minimal 4 Zeichen abzukürzen. Der Befehl von der Funktionstaste 8 hat die bekannte Langform:

MODIFY COMMAND auto0000;

In wieweit die Abkürzungen eine wirkliche Hilfe darstellen, muß man für sich selbst entscheiden.

Für das Arbeiten im Direktmodus, d. h. die Befehlseingabe erfolgt nach
dem dBASE III-Prompt (.),ist die Verwendung von Abkürzungen
problematisch.

In den dBASE III-Programmen sollten diese Abkürzungen vermieden
werden, da die Programme eher an Verständlichkeit und guter Lesbarkeit
verlieren.

6.4 Kapitelzusammenfassung

In diesem Kapitel wurden weitere Programmiermöglichkeiten unter
dBASE III vorgestellt. Mit der Anweisung

SELECT 2

kann ein zweiter Ein-/Ausgabebereich von dBASE III aktiviert werden.

dBASE III ermöglicht das gleichzeitige Arbeiten mit bis zu 10
Datenbanken. Das Eröffnen einer Datenbank kann auch mit einer **ALIAS-
Klausel** erweitert werden; dadurch können die Datenbank-Variablen dann
über den **ALIAS-Namen** angesprochen werden:

USE autos ALIAS db2

db2.fabrikat = "TOYOTA"

Die bereits bekannten **SAY-** und **GET-Befehle** lassen sich durch die
PICTURE-Klausel bzw. die **RANGE-Klausel** für den zuletzt genannten
Befehl erweitern.

@ 20,20 GET hubraum RANGE 600,6300

ermöglicht dabei, daß nur Werte von 600 bis 6300 eingegeben werden
können. Anderenfalls erscheint eine Fehlermeldung!

dBASE III bietet eine Reihe von Testhilfen, um ein fehlerfreies
Programm zu erhalten. Neben den Optionen des **SET-Befehls** bietet sich
hier

DISPLAY

und

SET FUNCTION n TO

für das Testen an.

7 Eine Beispielanwendung

In diesem Kapitel sollen die Anwendungs- und Programmier-
möglichkeit von dBASE III behandelt werden.

Anhand eines umfassenden Beispiels soll demonstriert werden

– wie stufenweise von der Aufgabenstellung, über die
  Konzeptionsphase die Anwendung realisiert werden kann;

– wie die Module und Bausteine strukturiert werden;

– welche Aspekte bei der Realisierung und beim Betrieb einer
  Anwendung berücksichtigt werden sollten;

– und welche Anwendungsmöglichkeiten das relationale
  Datenbankmodell eröffnet.

7.1 Aufgabenstellung und Analyse

Für die Datenbankdatei "**autos.dbf**" und den beiden zugeordneten Indexdateien soll eine Anwendung realisiert werden, die folgende Funktionen
abdeckt:

1. Einfügen, Löschen und Ändern von Datensätzen;

2. Anzeige eines Datensatzes, der über Fabrikat und Typ
   spezifiziert wurde;

3. Ausgabe von zwei Reports;

4. Ausgabe von Etiketten.

Die unter 1 aufgeführte Pflege der Datensätze enthält die Funktionen, um
die Datenbankdatei

   autos.dbf

auf dem für den Anwender gewünschten Stand zu halten. Falls ein neuer
Fahrzeugtyp benötigt wird, so wird ein neuer Datensatz eingefügt
(INSERT). Wird ein Fahrzeugtyp nicht mehr benötigt, so kann der
entsprechende Datensatz gelöscht (DELETE) werden. Für den Fall, daß
bei den Daten Fehler festgestellt werden, z. B. die Hubraumangabe ist
falsch, so können diese Fehler menügesteuert korrigiert werden
(REPLACE).

Die Funktion 2 ermöglicht dem Anwender, den Inhalt eines bestimmten
Datensatzes anzeigen zu lassen. Hierbei ist es notwendig, daß für den
Datensatz die Felder "**Fabrikat**" und "Typ" mit den gewünschten Angaben
belegt werden.

Mit den Funktionen 3 und 4 sollen bereits definierte dBASE III-Reports
(Namenserweiterung: FRM) bzw. dBASE III-Etiketten
(Namenserweiterung: LBL) ausgegeben werden.

Die Anwendung soll so realisiert werden, daß vom Anwender keine
Datenbank- bzw. dBASE III-Kenntnisse vorausgesetzt werden müssen.
Der Anwender soll über Bildschirmmasken zu den gewünschten
Funktionen geführt werden.

Falsche Bedienung soll dem Anwender gemeldet und eine weitere Eingabe
ermöglicht werden.

Die Datenbank **"autos.dbf"** hat die Struktur:

```
.
Datenbankstruktur          - B:autos.dbf
Anzahl der Datensätze      -        20
Letztes Änderungsdatum -  13.11.85
Feld    Feldname     Typ              Länge     Dez
    1   FABRIKAT     Zeichen             10
    2   TYP          Zeichen             12
    3   HUBRAUM      Numerisch            4
    4   PS           Numerisch            3
    5   KATALYSAT    Logisch              1
    6   ZYLINDER     Numerisch            2
** Gesamt **                            33
```

Es sollen die beiden Indexdateien mitgepflegt werden:

autos1.ndx : Index auf   fabrikat + typ

autos2.ndx : Index auf STR(Zylinder,2) + fabrikat + typ,

wobei durch **"autos1.ndx"** der Hauptschlüssel festgelegt wird.

Die beiden Reports

autosr1.frm und

autosr2.frm

sollen die Datenbankfelder in unterschiedlicher Form ausgeben. Auch die
Etikettenausgabe durch den Label

auto1.lbl

soll sämtliche Datenbankfelder beinhalten.

7.2 Konzeption und Realisierung

Die in Abschnitt 7.1 formulierte Aufgabenstellung soll durch ein modular
aufgebautes Programmsystem realisiert werden.

Im folgenden werden die Objekte wie

- Programme   (.prg)

- Bildschirmmasken   (.fmt)

- Datenbank   (.dbf)

- Indexdateien   (.ndx)

- Reports   (.frm)

- Label   (.lbl)

in der Form verwendet werden, wie sie in den bisherigen Kapiteln
beschrieben wurden.

Ausgehend von einem Einstiegsprogramm, das vom Bediener eine
Auswahlnummer erfragt und in Abhängigkeit von dieser Nummer
(zulässig sind die Bearbeitungsoptionen 1,...,5 und 0 für Ver-
arbeitungsende) läßt sich der Funktionsbaum aufstellen:

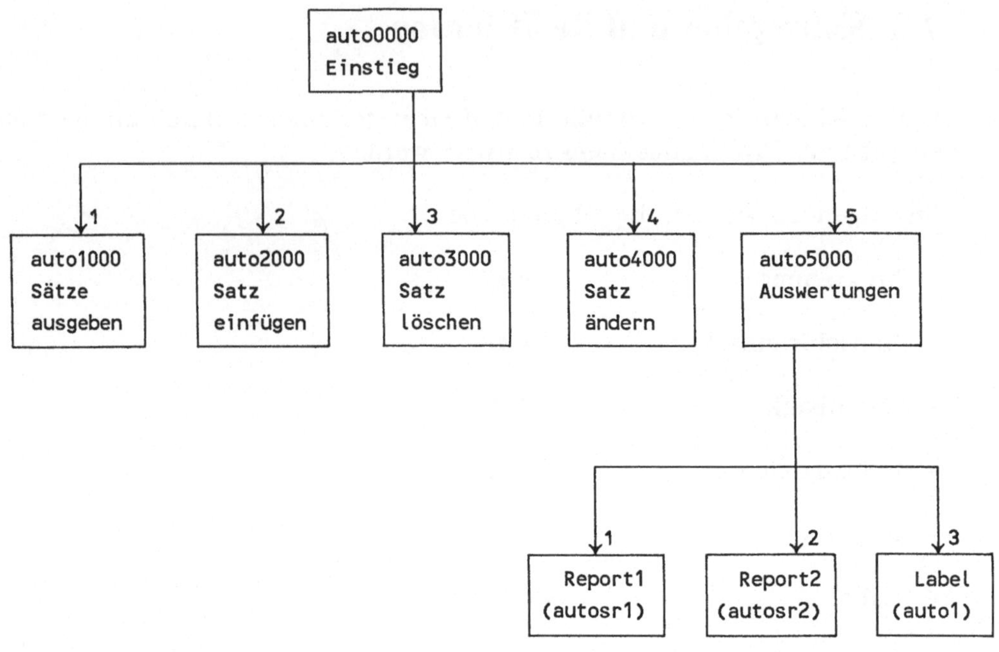

Nach dem Start des Einstiegsprogramms "**auto0000**" wird in Abhängigkeit von der Auswahlnummer in das entsprechende Folgeprogramm verzweigt, d. h. bei 1 wird das Programm "**auto1000**" aufgerufen, das die gewünschte Funktion ausführt und nach deren Ende die Kontrolle an das aufrufende Programm zurückgegeben wird.

Insgesamt erhält man die Programme:

    1 – auto1000: Sätze ausgeben

    2 – auto2000: Satz einfügen

    3 – auto3000: Satz löschen

    4 – auto4000: Satz ändern

    5 – auto5000: Auswertungen

Bei den Auswertungen wird eine weitere Optionsauswahl angeboten mit:

    1 - Report1 : neu mit dem Namen autosr1

    2 - Report2 : neu mit dem Namen autosr2

    3 - Label   : mit dem Namen auto1

Die Form von den Reports und dem Label lassen sich aus den
Ergebnislisten unmittelbar ableiten. Zu den Programmen ist jeweils eine
korrespondierende Bildschirmmaske definiert, die sich nur durch die
Namenserweiterung von dem verwendenden Programm unterscheidet, d.
h. zu dem Programm **"auto1000.prg"** heißt die zugehörige
Bildschirmmaske **"auto1000.fmt"**.

In der nachfolgenden Objektaufstellung ist noch angemerkt, inwieweit sich dieses Objekt aus den oben besprochenen Kapiteln ableitet.

autos.dbf   Datenbank als durchgehendes Beispiel bekannt

autos1.ndx   Indexdatei als durchgehendes Beispiel bekannt

autos2.ndx   dto.

autosr1.frm   neuer Report in Anlehnung an die bereits
                     }
autosr2.frm   oben beschriebenen Reports

auto1.lbl   bereits verwendeter Label

auto0000.prg
                     } modifizierte und erweiterte Form
auto0000.fmt

auto1000.prg
                     } neu erstellt
auto1000.fmt

auto2000.prg
                     } neu erstellt
auto2000.fmt

auto3000.prg
                     } neu erstellt
auto3000.fmt

auto4000.prg
                  } neu erstellt
auto4000.fmt

auto5000.prg
                  } neu erstellt
auto5000.fmt

Für die Realisierung mit dBASE III werden noch zwei weitere Befehle benötigt:

- **REPLACE**, um den Feldinhalt einer Datenbankvariablen auszutauschen;

- **WAIT**, um die Weiterverarbeitung solange anzuhalten bis irgendeine Taste betätigt wurde.

Der **REPLACE-Befehl** hat die Form:

REPLACE <Feld> WITH <Ausdruck>

    [,<Feld> WITH <Ausdruck> ....]

    [,FOR <Bedingung>]

Nach dem Schlüsselwort "REPLACE" wird der Austausch definiert, und zwar welches Feld mit welchem Ausdruck ausgetauscht werden soll. Für den Fall, daß mehrere Felder einer Datenbank ersetzt werden sollen, kann dieser Zusatz entsprechend wiederholt werden. Das Komma dient hierbei zur Trennung der einzelnen Felder, die ausgetauscht werden sollen.

Für den Fall, daß eine Anweisung länger als eine Zeile ist, muß die Zeile, die fortgesetzt wird am Ende ein Semikolon (;) haben.

Der wahlweise Zusatz über die **FOR-Bedingung** ermöglicht, wie bereits beim **LOCATE-Befehl** ausgeführt wurde, den Bereich für die Änderungen zu definieren. Fehlt diese Bedingung, so wird nur der gegenwärtige Satz bearbeitet.

Beispiel:

Für den Datensatz 10 sollen die Werte "ps" und "hubraum" verändert
werden. Die Veränderung soll über die Hilfsvariable ausgeführt werden,
die sich von den Datenbankvariablen durch ein vorangestelltes "h"
unterscheiden:

```
USE autos
GO 10
DISP
hps = 140
hhubraum = 2500
REPLACE       ps       WITH hps ;
              hubraum WITH hhubraum
DISP
```

```
 do replace
Satz #  FABRIKAT    TYP             HUBRAUM  PS KATALYSAT ZYLINDER
     10  Opel       Corsa L            2500 140 .F.              4
140
2500
      1 Satz ersetzt
Satz #  FABRIKAT    TYP             HUBRAUM  PS KATALYSAT ZYLINDER
     10  Opel       Corsa L            2500 140 .F.              4
```

Der **WAIT-Befehl** hat in der einfachen Form die Syntax

> **WAIT**

und bewirkt, daß dBASE III die Meldung

> **"Weiter mit jeder Taste....."**

auf dem Bildschirm ausgibt. Dieser Befehl hat die allgemeine Form:

> **WAIT [<Eingabeanforderung>] [TO <Speichvar>]**

Mit dem Zusatz "**Eingabeanforderung**" kann die Standardmeldung geändert werden. Desweiteren ist es möglich, die Tastatureingabe in einer Speichervariablen zu empfangen und anschließend per Programm den Inhalt weiterzuverarbeiten.

Beispiel:

WAIT "Programm wartet bis Taste betätigt wird"

Es folgt als nächstes die Programmlistung mit den entsprechenden Formaten und daraufhin die Bildschirmmasken und Ergebnislisten.

```
. WAIT to sp
Weiter mit jeder Taste ...x
. DISP MEMO
SP            lokal (priv)  C  "x"
     1 Variable definiert,       3 BYTES benutzt
   255 Variable verfügbar,    5997 BYTES verfügbar
```

```
******************************************************************************
*                                                                auto0000.prg *
*           Einstiegsprogramm                                                 *
******************************************************************************
SET ESCAPE   ON
SET HEADING  OFF
SET SAFETY   OFF
SET TALK     OFF
SET DEBUG    OFF
SET ECHO     OFF
SET EXACT    OFF
SET BELL     OFF
*
* MASKE vorbereiten
*
a0000   = " "
*
SET FORMAT TO auto0000
SET DEVICE TO SCREEN
CLEAR
*
DO WHILE .T.
    READ
    SET FORMAT TO
    DO CASE
*
        CASE a0000 = "1"
            DO auto1000
            SET FORMAT TO auto0000
*
        CASE a0000 = "2"
            DO auto2000
            SET FORMAT TO auto0000
*
        CASE a0000 = "3"
            DO auto3000
            SET FORMAT TO auto0000
*
        CASE a0000 = "4"
            DO auto4000
            SET FORMAT TO auto0000
*
        CASE a0000 = "5"
            DO auto5000
            SET FORMAT TO auto0000
*
        CASE a0000 = "0"
            CLEAR
            USE
            ? '****************************'
            ? '*  Ende der Verarbeitung *'
            ? '****************************'
            RETURN
*
        OTHERWISE
            SET FORMAT TO
            @ 20,37 GET a0000
            @ 21, 3 SAY '===>    Falsche Auswahl'
    ENDCASE
ENDDO
```

```
***********************************************************************
*                                                        auto1000.prg *
*             Sätze ausgeben                                          *
***********************************************************************
*
* MASKE vorbereiten
*
hfabrikat = SPACE(10)
htyp      = SPACE(12)
weiter    = "J"
*
USE autos INDEX autos1 , autos2
*
SET FORMAT TO auto1000
SET DEVICE TO SCREEN
CLEAR
READ
SET FORMAT TO
*
DO WHILE UPPER(weiter) = "J"
*
    SEEK  hfabrikat + htyp
    IF EOF()
        @ 21, 3 SAY " Satz existiert nicht"
    ELSE

*
        @ 12,18 SAY "Hubraum:"
        @ 12,37 SAY hubraum
        @ 13,18 SAY "PS:"
        @ 13,37 SAY ps
        @ 14,18 SAY "Katalysator:"
        IF katalysat
            @ 14,37 SAY "Ja  "
        ELSE
            @ 14,37 SAY "Nein"
        ENDIF
        @ 15,18 SAY "Zylinder:"
        @ 15,37 SAY zylinder
    ENDIF
    @ 20,18 SAY "Weiter    ?"
    @ 20,30 GET weiter
    READ
*
    IF UPPER(weiter) = "J"
        @ 21, 3 SAY SPACE(30)

        hfabrikat = SPACE(10)
        htyp      = SPACE(12)
        @  8,37 GET hfabrikat
        @ 10,37 GET htyp
        READ
    ENDIF
*
ENDDO
*
SET FORMAT TO
CLEAR
RETURN
```

```
*********************************************************************************
*                                                                auto2000.prg *
*            Sätze einfügen                                                    *
*********************************************************************************
hfabrikat    = SPACE(10)
htyp         = SPACE(12)
hhubraum     = 600
hps          = 10
hkatalysat   = .F.
hzylinder    = 3
*
USE autos INDEX autos1 , autos2
*
SET FORMAT TO auto2000
SET DEVICE TO SCREEN
CLEAR
READ
*
DO WHILE UPPER(hfabrikat) <> SPACE(10)
    APPEND BLANK
*
    REPLACE fabrikat  WITH   hfabrikat
    REPLACE typ       WITH   htyp
    REPLACE hubraum   WITH   hhubraum
    REPLACE ps        WITH   hps
    REPLACE katalysat WITH   hkatalysat
    REPLACE zylinder  WITH   hzylinder
*
    hfabrikat    = SPACE(10)
    htyp         = SPACE(12)
    hhubraum     = 600
    hps          = 10
    hkatalysat   = .F.
    hzylinder    = 3
*
    READ
*
ENDDO
*
SET FORMAT TO
CLEAR
RETURN
```

```
**************************************************************************
*                                                        auto3000.prg *
*           Sätze löschen                                             *
**************************************************************************
*
* MASKE vorbereiten
*
hfabrikat = "              "
htyp      = "              "
*
USE autos INDEX autos1 , autos2
*
SET FORMAT TO auto3000
SET DEVICE TO SCREEN
CLEAR
READ
SET FORMAT TO
*
DO WHILE UPPER(hfabrikat) <> SPACE(10)
*
    @ 21, 3 SAY SPACE(30)
*
    SEEK  hfabrikat + htyp
    IF EOF()
       @ 21, 3 SAY " Satz existiert nicht"
    ELSE
*
        DELETE
        PACK
        @ 20, 0 SAY "Satz wurde gelöscht"
    ENDIF
    hfabrikat = SPACE(10)
    htyp      = SPACE(12)
    @  8,37 GET hfabrikat
    @ 10,37 GET htyp
    READ
*
*
ENDDO
*
CLEAR
RETURN
```

```
********************************************************************************
*                                                                auto4000.prg *
*            Sätze ändern                                                      *
********************************************************************************
*
* MASKE vorbereiten
*
hfabrikat = SPACE(10)
htyp      = SPACE(12)
weiter    = "J"
*
USE autos INDEX autos1 , autos2
*
SET FORMAT TO auto4000
SET DEVICE TO SCREEN
CLEAR
READ
SET FORMAT TO
*
DO WHILE UPPER(weiter) = "J"
*
    SEEK  hfabrikat + htyp
*
    IF EOF()
       @ 21, 3 SAY " Satz existiert nicht"
    ELSE
          hhubraum   =   hubraum
          hps        =   ps
          hkatalysat =   katalysat
          hzylinder  =   zylinder
*
       @ 10,37 GET hhubraum    RANGE 600 , 6300
       @ 12,37 GET hps         RANGE  10 ,  300
       @ 14,37 GET hkatalysat
       @ 16,37 GET hzylinder   RANGE   3,    12
       READ
*
       REPLACE hubraum    WITH   hhubraum
       REPLACE ps         WITH   hps
       REPLACE katalysat  WITH   hkatalysat
       REPLACE zylinder   WITH   hzylinder
    ENDIF
*
    @ 20,18 SAY "Weiter    ?"
    @ 20,30 GET weiter
    READ
*
    IF UPPER(weiter) = "J"
       @ 21, 3 SAY space(40)
       @  6,37 GET hfabrikat
       @  8,37 GET htyp
       READ
    ENDIF
*
ENDDO
*
CLEAR
RETURN
```

220

```
********************************************************************
*                                                     auto5000.prg *
*           Auswertungsauswahl                                     *
********************************************************************
*
* MASKE vorbereiten
*
a5000   = " "
*
SET DEVICE TO SCREEN
*
DO WHILE .T.
    SET FORMAT TO auto5000
    CLEAR
    READ
    SET FORMAT TO
    DO CASE
*
        CASE a5000 = "1"
            USE autos INDEX autos1
            REPORT FORM autosr1
            WAIT
*
        CASE a5000 = "2"
            USE autos INDEX autos2
            REPORT FORM autosr2
            WAIT
*
        CASE a5000 = "3"
            USE autos INDEX autos1
            LABEL FORM auto1
            WAIT
*
        CASE a5000 = "0"
            SET FORMAT TO
            CLEAR
            USE
            RETURN
*
        OTHERWISE
            SET FORMAT TO
            @ 18,37 GET a5000
            @ 21, 3 SAY '===>    Falsche Auswahl'
        ENDCASE
ENDDO
```

```
* auto0000.fmt          Einstiegsmaske
@  2, 0 SAY "          K R A F T F A H R Z E U G V E R A R B E I T U N G"
@  2,70 SAY "auto0000"
@  6, 0 SAY "                   Anwendungsauswahl:"
@  8, 0 SAY "                   1 - Sätze ausgeben"
@ 10, 0 SAY "                   2 - Satz einfügen"
@ 12, 0 SAY "                   3 - Satz löschen"
@ 14, 0 SAY "                   4 - Satz ändern"
@ 16, 0 SAY "                   5 - Auswertungen"
@ 18, 0 SAY "                   0 - Ende"
@ 20, 0 SAY "                   Bitte wählen Sie:"
@ 20,37 GET a0000


* auto1000.fmt          Ausgabe der gespeicherten Fahrzeuge
@  2, 0 SAY "          K R A F T F A H R Z E U G V E R A R B E I T U N G"
@  2,70 SAY "auto1000"
@  3, 0 SAY "                   Ausgabe der Fahrzeuge"
@  8, 0 SAY "                   Fabrikat:"
@ 10, 0 SAY "                   Typ:"
@  8,37 GET hfabrikat
@ 10,37 GET htyp


* auto2000.fmt          Neue Sätze anfügen
@  2, 0 SAY "          K R A F T F A H R Z E U G V E R A R B E I T U N G"
@  2,70 SAY "auto2000"
@  3, 0 SAY "                   Neue Sätze anfügen"
@  6, 0 SAY "                   Fabrikat:"
@  6,37 GET hfabrikat
@  8, 0 SAY "                   Typ:"
@  8,37 GET htyp
@ 10, 0 SAY "                   Hubraum:"
@ 10,37 GET hhubraum    PICTURE "9999"       RANGE 600 , 6300
@ 12, 0 SAY "                   PS:"
@ 12,37 GET hps         PICTURE "999"        RANGE  10 ,  300
@ 14, 0 SAY "                   Katalysator:"
@ 14,37 GET hkatalysat
@ 16, 0 SAY "                   Zylinder:"
@ 16,37 GET hzylinder   PICTURE "99"            RANGE   3,    12
@ 18, 0 SAY "                   Bitte Werte eingeben"
```

```
*  auto3000.fmt          Löschen von Sätzen
@  2, 0 SAY "        K R A F T F A H R Z E U G V E R A R B E I T U N G"
@  2,70 SAY "auto3000"
@  3, 0 SAY "                    Löschen von Sätzen"
@  8, 0 SAY "                    Fabrikat:"
@ 10, 0 SAY "                    Typ:"
@ 18, 0 SAY "                    Bitte Werte eingeben"
@  8,37 GET hfabrikat
@ 10,37 GET htyp


.
*  auto4000.fmt          Sätze ändern
@  2, 0 SAY "        K R A F T F A H R Z E U G V E R A R B E I T U N G"
@  2,70 SAY "auto4000"
@  3, 0 SAY "                    Sätze ändern"
@  6, 0 SAY "                    Fabrikat:"
@  8, 0 SAY "                    Typ:"
@ 10, 0 SAY "                    Hubraum:"
@ 12, 0 SAY "                    PS:"
@ 14, 0 SAY "                    Katalysator:"
@ 16, 0 SAY "                    Zylinder:"
@ 18, 0 SAY "                    Bitte Werte eingeben"
@  6,37 GET hfabrikat
@  8,37 GET htyp


.
*  auto5000.fmt          Auswertungsauswahl
@  2, 0 SAY "        K R A F T F A H R Z E U G V E R A R B E I T U N G"
@  2,70 SAY "auto5000"
@  6, 0 SAY "                    Auswertungsauswahl:"
@  8, 0 SAY "                    1 - Report1   (autosr1.fmt)"
@ 10, 0 SAY "                    2 - Report2   (autosr2.fmt)"
@ 12, 0 SAY "                    3 - Etiketten (auto1.lbl)"
@ 14, 0 SAY "                    0 - Ende"
@ 18, 0 SAY "                    Bitte wählen Sie:"
@ 18,37 GET a5000
```

Anwendungsauswahl:

1 - Sätze ausgeben

2 - Satz einfügen

3 - Satz löschen

4 - Satz ändern

5 - Auswertungen

0 - Ende

Bitte wählen Sie:

K R A F T F A H R Z E U G V E R A R B E I T U N G   auto1000
Ausgabe der Fahrzeuge

Fabrikat: BMW

Typ: 318i

        Fabrikat: BMW

        Typ: 318i
          .
        Hubraum: 1800
        PS: 102
        Katalysator: Ja
        Zylinder: 4

        Weiter   ?   J

K R A F T F A H R Z E U G V E R A R B E I T U N G   auto5000

        Auswertungsauswahl:

        1 - Report1   (autosr1.fmt)

        2 - Report2   (autosr2.fmt)

        3 - Etiketten (auto1.lbl)

        0 - Ende

        Bitte wählen Sie:

Seitennr.   1
13.11.85
                    Auswertung 1 der Autowerte

Fabrikat   Typ   Hubraum PS Katalysator Zylinder
========   ===   ======= == =========== ========

Mercedes   190   1997 105 .F.   4
Mercedes   230E   2299 136 .F.   4
Mercedes   300E   2962 190 .F.   6
BMW   318i   1800 102 .F.   4
BMW   320i   2000 125 .F.   6
BMW   520i   2000 125 .F.   6
BMW   524td   2443 115 .F.   6
Opel   Ascona C   1300 60 .F.   4
Opel   Corsa L   2500 140 .F.   4
Ford   Escort XR3i   1600 105 .F.   4
Ford   Fiesta L   1100 50 .F.   4
VW   Golf CL   1600 75 .F.   4
VW   Golf GTI   1800 112 .F.   4
Opel   Kadett GSI   1800 115 .F.   4
VW   Polo GT   1300 75 .F.   4
VW   Scirocco GT   1600 75 .F.   4
Opel   Senator 3.0E   3000 180 .F.   6
Ford   Sierra L   1800 90 .F.   4
Ford   Sierra XR4i   2800 150 .F.   6

Seitennr.   1
13.11.85
                    Auswertung 2 der Autotypen
                    ==============================

Zylinder Fabrikat   Typ   Hubraum PS
-------- --------   ---   ------- --

       4 BMW   318i   1800 102
       4 Ford   Escort XR3i   1600 105
       4 Ford   Fiesta L   1100 50
       4 Ford   Sierra L   1800 90
       4 Mercedes   190   1997 105
       4 Mercedes   230E   2299 136
       4 Opel   Ascona C   1300 60
       4 Opel   Corsa L   2500 140
       4 Opel   Kadett GSI   1800 115
       4 VW   Golf CL   1600 75
       4 VW   Golf GTI   1800 112
       4 VW   Polo GT   1300 75
       4 VW   Scirocco GT   1600 75
       6 BMW   320i   2000 125
       6 BMW   520i   2000 125
       6 BMW   524td   2443 115
       6 Ford   Sierra XR4i   2800 150
       6 Mercedes   300E   2962 190
       6 Opel   Senator 3.0E   3000 180

Fabrikat   : Mercedes
Type   : 190
Hubraum   :   1997
PS   :   105
Zylinder   :   4

Fabrikat   : Mercedes
Type   : 300E
Hubraum   :   2962
PS   :   190
Zylinder   :   6

Fabrikat   : BMW
Type   : 320i
Hubraum   :   2000
PS   :   125
Zylinder   :   6

Fabrikat   : BMW
Type   : 524td
Hubraum   :   2443
PS   :   115
Zylinder   :   6

Fabrikat   : Opel
Type   : Corsa L
Hubraum   :   2500
PS   :   140
Zylinder   :   4

Fabrikat   : Ford
Type   : Fiesta L
Hubraum   :   1100
PS   :   50
Zylinder   :   4

Fabrikat   : VW
Type   : Golf GTI
Hubraum   :   1800
PS   :   112
Zylinder   :   4

Fabrikat   : VW
Type   : Polo GT
Hubraum   :   1300
PS   :   75
Zylinder   :   4

Fabrikat   : Opel
Type   : Senator 3.0E
Hubraum   :   3000
PS   :   180
Zylinder   :   6

Fabrikat   : Ford
Type   : Sierra XR4i
Hubraum   :   2800
PS   :   150
Zylinder   :   6

Fabrikat   : Mercedes
Type   : 230E
Hubraum   :   2299
PS   :   136
Zylinder   :   4

Fabrikat   : BMW
Type   : 318i
Hubraum   :   1800
PS   :   102
Zylinder   :   4

Fabrikat   : BMW
Type   : 520i
Hubraum   :   2000
PS   :   125
Zylinder   :   6

Fabrikat   : Opel
Type   : Ascona C
Hubraum   :   1300
PS   :   60
Zylinder   :   4

Fabrikat   : Ford
Type   : Escort XR3i
Hubraum   :   1600
PS   :   105
Zylinder   :   4

Fabrikat   : VW
Type   : Golf CL
Hubraum   :   1600
PS   :   75
Zylinder   :   4

Fabrikat   : Opel
Type   : Kadett GSI
Hubraum   :   1800
PS   :   115
Zylinder   :   4

Fabrikat   : VW
Type   : Scirocco GT
Hubraum   :   1600
PS   :   75
Zylinder   :   4

Fabrikat   : Ford
Type   : Sierra L
Hubraum   :   1800
PS   :   90
Zylinder   :   4

7.3 Weitere Aspekte und Überlegungen

Während und nach der Programmerstellung tauchen noch eine Reihe von
Aspekten und Fragestellungen auf, die im folgenden beschrieben werden.
Dazu gehören insbesondere:

- Wie soll die Anwendung dokumentiert werden?

- Welche Sicherheitsvorkehrungen sind gegen Hardware- und Soft-
  warestörungen oder Anwenderfehler zu treffen?

- Wie kann das spätere Ändern und Erweitern der Anwendung unterstützt werden?

Die Dokumentation sollte auch bei übersichtlich geschriebenen
Programmen erstellt werden, da bestimmte Rechenverfahren oder
komplexe Programmteile eine weitere Erklärung benötigen.

Zu beachten ist jedoch, daß Anwendungen über einen längeren Zeitraum in
Betrieb sind, spätere Änderungen oder Korrekturen von einer anderen Person
vorgenommen werden müssen oder der Ersteller die Anwendung nicht mehr
bis in jedes Detail kennt.

Je nach Anwendung sollten daher bestimmte Teile der Dokumentation
schriftlich niedergelegt werden:

- Struktur und Verwendung der Datenbank mit den zugehörigen Indexdateien;

- Beschreibung, Verwendungszweck und - soweit vorhanden - Prüfver-
  fahren der Datenbankfelder;

- Funktionsbaum des Programmsystems;

— Einzelbeschreibung der Programme. Dazu bietet sich an, für ein bestimm-
  tes Programm, z. B. "auto0000.prg" eine Datei mit der Namenserweiterung
  "dok" einzurichten und darin die Programmbeschreibung bzw. Dokumentation festzuhalten.

  Vorteil dieser Vorgehensweise ist die sofortige Verfügbarkeit
  der Programmbeschreibung und der einfachen Fortschreibung.

Der Inhalt der Datei **"auto0000.dok"**:

auto0000:   Einstiegsprogramm für die Anwendung Autotypen.
Dieses Programm hat die Funktionen:

- Setzen der dBASE III - Parameter

- Eröffnen der Datenbank autos mit den Indexdateien
    autos1
    autos2

- Eingabe der Variablen a0000 und Verzweigung nach:

    auto1000, falls a0000 = "1" => Sätze ausgeben;

    auto2000, falls a0000 = "2" => Satz einfügen;

    auto3000, falls a0000 = "3" => Satz löschen;

    auto4000, falls a0000 = "4" => Satz ändern;

    auto5000, falls a0000 = "5" => Auswertungen;

    Programmende, falls a0000 = "0".

Version vom: 25.09.85
Programmierer: Werner Brösel

Durch die zentrale Bedeutung, die eine Datenbankanwendung erlangen
kann und die Tatsache, daß die Informationen in dieser Form nur auf
Diskette oder Festplatte vorhanden sind, entsteht die Notwendigkeit,
Vorkehrungen vor Datenverlust zu treffen. In Abhängigkeit von der
Änderungsfrequenz sollen die Datenbanken und die zugehörigen
Indexdateien täglich, wöchentlich oder nach Notwendigkeit auf Diskette
dupliziert werden.

Bei größeren Datenbeständen empfiehlt sich auch der Einsatz eines Streamer-
tapes, das die Daten auf Cassette oder Cartridge überträgt und bei Datenverlust hilft, den letzten gesicherten Zustand wieder herzustellen.

Die Möglichkeiten der Unterprogrammtechnik lassen den Einsatz von Programmbibliotheken zu. In diesen Bibliotheken können Unterprogramme gesammelt werden, die für weitere Anwendungen benötigt werden. Dadurch entfällt der Aufwand, für eine neue Anwendung nochmals dieselben Programmteile zu entwickeln.

Es kann dann vielmehr auf bereits geschriebene und ausgetestete Programmteile zurückgegriffen werden.

Bei der oben beschriebenen Beispielanwendung wurden Meldungen direkt im Programm erstellt. Bei größeren Anwendungen oder falls die Meldungstexte bezüglich der Änderung flexibler gehandhabt werden sollen, besteht die Möglichkeit die Meldungen in einer separaten Datenbank abzuspeichern, wobei die Anwendungsprogramme über einen Schlüssel Zugang zu den Fehlertexten haben.

Wir definieren dazu die Datenbank

```
Datenbankstruktur          - B:fehler.dbf
Anzahl der Datensätze      -         2
Letztes Änderungsdatum  - 26.08.85
Feld    Feldname      Typ            Länge       Dez
   1   NR            Numerisch         2
   2   TEXT          Zeichen          72
** Gesamt **                          75
```

mit den Inhalten

```
Satz #  NR TEXT
     1  10 Falsche Auswahl

     2  25 Satz wurde eingefügt
```

und mit der Indexdatei

INDEX ON nr TO fehler

In dem Anwendungsprogramm wird eine Fehlermeldung dann mit den
Anweisungen

```
. USE fehler INDEX fehler
. nummer = 25
25
. SEEK nummer
. ? text
Satz wurde eingefügt
.
```

erstellt. Der Vorteil dieser Vorgehensweise liegt darin, daß man eine Unabhängigkeit
von Programmen und Meldungen erzielt.

Die Meldungen können mit einem Blick ohne Durchsuchen der einzelnen
Programme den entsprechenden Bedürfnissen angepaßt werden. Außerdem
werden bei den gleichen Bedingungen dieselben Fehlertexte angezeigt,
was bei Programmen, die von unterschiedlichen Personen entwickelt
wurden, nicht unbedingt selbstverständlich ist.

7.4 Anwenden des relationalen Datenbankmodells

Das relationale Datenbankmodell ermöglicht den flexiblen Zugriff auf die gespeicherten Daten; gerade bei der Verknüpfung von Datenbanken zeigen sich die Stärken von dBASE III. Unsere beiden Beispieldatenbanken

autos.dbf

und

autobes.dbf

haben beide zwei gemeinsame Felder, und zwar

fabrikat

und

typ

Über diese beiden Felder sollen die Datenbanken miteinander verknüpft werden, d. h. die Angabe von **Fabrikat** und **Typ** in der Datenbank **"autobes.dbf"** zeigen auf den entsprechenden Satz in der Datenbank **"autos.dbf"**.

Wie bereits bei dem Arbeiten mit mehreren Datenbanken beschrieben wurde, ist es dann möglich, über die Verknüpfung der beiden Datenbanken, über die Felder **"fabrikat"** und **"typ"**, sämtliche Datenfelder anzusprechen.

Die Verknüpfung wird über den **SET RELATION-Befehl** realisiert:

SET RELATION TO <Schlüsselausdruck> INTO <alias>

In der Datenbank "autos.dbf" wurden **fabrikat** und **typ** in der Indexdatei "auto1.ndx" definiert. Diese Definition muß auch für die zweite Datenbank durchgeführt werden:

USE autobes

INDEX ON fabrikat + typ TO autobes1

Bei den **USE-Befehlen** soll ohne die Angabe eines **ALIAS-Namens** die Datenbank eröffnet werden, daher ist der Begriff **<alias>** im **RELATION-Befehl** identisch mit dem Datenbanknamen.

Das nachfolgende Programm enthält die Anweisungen zum Aufbau der Relation. Nachdem dieses Programm mit

DO relate

zur Ausführung gebracht wurde, kann mit

DISP STAT   bzw.

DISPLAY STATUS

die Wirkung dieses Befehls angezeigt werden:

```
*            AUTOAUSWERTUNG   relate.prg
*            set relation Demonstration
*
*
SELECT 1
USE autos    INDEX autos1
*
SELECT 2
USE autobes INDEX autobes1
*
SET RELATION TO fabrikat + typ    INTO   autos
*
*


.

. disp stat

Selektierter Bereich : 1. Datenbank eröffnet - B:autos.dbf   ALIAS - AUTOS
      Indexdatei       - B:autos1.ndx   Schlüssel - typ

Selektierte Datenbank
Selektierter Bereich : 2. Datenbank eröffnet - B:autobes.dbf   ALIAS - AUTOBES
      Indexdatei       - B:autobes1.ndx   Schlüssel - fabrikat+typ
 verknüpft mit: AUTOS
    Relation: fabrikat + typ

Weiter mit jeder Taste ...
```

Mit dem Befehl

MODIFY LABEL relate

wird ein Label beschrieben, das Felder beider Datenbanken benutzt. Das
ist besonders aus der fünften Zeile des Labelinhaltes ersichtlich. Konkret
bedeutet dies, daß neben den Feldern der Datenbank **"autobes.dbf"** das
Feld **"hubraum"** von der Datenbank **"autos.dbf"** in Abhängigkeit von dem
Schlüsselausdruck verwendet wird:

```
Struktur der Datei B:autobes.dbf
```

NAME	C	20	ORT	C	12		
VORNAME	C	20	FABRIKAT	C	10		
STRASSE	C	20	TYP	C	12		
PLZ	N	4					

```
          Breite des LABELs:          35
          Höhe des LABELs:             5
          Linker Rand:                 0
          Zeilen zwischen LABELs:      1
          Platz zwischen LABELs:       0
          LABELs nebeneinander:        2

Bemerkung:Label für Relate-Möglichkeit
```

```
Struktur der Datei B:autobes.dbf
```

NAME	C	20	ORT	C	12		
VORNAME	C	20	FABRIKAT	C	10		
STRASSE	C	20	TYP	C	12		
PLZ	N	4					

```
          1 "Name         :"+autobes->name
          2 "Vorname      :"+autobes->vorname
LABEL     3 "Fabrikat     :"+autobes->fabrikat
Inhalt:   4 "Typ          :"+autobes->typ
          5 "Hubraum      :"+str(autos->hubraum,4)
```

Mit dem Befehl

LABEL FORM relate TO PRINT

wird die Labeldefinition zur Ausführung gebracht und man erhält:

```
Name       :Schwarz              Name       :Maier
Vorname    :Peter                Vorname    :Wolfgang
Fabrikat   :BMW                  Fabrikat   :BMW
Typ        :318i                 Typ        :318i
Hubraum    :    0                Hubraum    :    0

Name       :Neumann              Name       :Grün
Vorname    :Alfred E.            Vorname    :Adam
Fabrikat   :BMW                  Fabrikat   :Ford
Typ        :318i                 Typ        :Sierra L
Hubraum    :    0                Hubraum    :    0

Name       :Mandel               Name       :Schwarz
Vorname    :Bernd                Vorname    :Anton
Fabrikat   :Ford                 Fabrikat   :Mercedes
Typ        :Sierra L             Typ        :300E
Hubraum    :    0                Hubraum    :    0

Name       :Bauer                Name       :Holtkamp
Vorname    :Richard              Vorname    :Michael
Fabrikat   :Opel                 Fabrikat   :VW
Typ        :Corsa L              Typ        :Golf CL
Hubraum    :    0                Hubraum    :    0

Name       :Esser
Vorname    :Paul
Fabrikat   :VW
Typ        :Polo GT
Hubraum    :    0
```

Bei diesem Ausdruck sind zu den Personendaten aus der Datenbank **"autobes.dbf"** die technischen Daten aus der Datenbank **"autos.dbf"**, in unserem Fall das Feld **"Hubraum"**, automatisch hinzugemischt worden.

7.5 Kapitelzusammenfassung

In diesem Kapitel wurden anhand einer Beispielanwendung die in diesem
Buch vorgestellten Möglichkeiten von dBASE III zusammengefaßt und
realisiert. Im praktischen Einsatz von dBASE III zeigt sich die
Mächtigkeit in den Möglichkeiten, aber auch die Einfachheit in der
Handhabung dieses flexiblen Datenbanksystems.

Zu der Beispielanwendung zählen insbesondere die Punkte:

- von der Aufgabenstellung über die Konzeption zur Realisierung;

- Programmlistings- und Formatdatei;

- Ausgabe der Reports und Label;

- Datenbank und die zugehörigen Indexdateien.

Bei der Anwendung sollten die Aspekte Dokumentation und Wartung mit
berücksichtigt werden.

Mit dem Befehl

SET RELATION TO

können zwei Datenbanken miteinander verknüpft werden. Die Ergebnisse
dieser Verknüpfung werden anhand eines Etiketts demonstriert.

8 Praxisaspekte

In diesem Kapitel werden abschließende Betrachtungen angestellt,
die für den praktischen Einsatz von dBASE III wichtig sind. Dazu
gehören:

— Steuerung der speziellen Möglichkeiten von kompatiblen IBM-
Grafik-Druckern wie dem Epson FX 80 oder NEC P3;

— die Systemumgebung, d. h. der Zugriff auf das Betriebssystem
direkt von dBASE III oder die Systemkonfiguration mit
individuellen Anpassungen;

— der Datentransfer zu anderen PC-Softwarepaketen bzw. zu
anderen Computersystemen;

— ein Zusatzprogramm, das den Übergang bei bestehenden dBASE II-
Anwendungen zu dBASE III vereinfacht.

8.1 Druckersteuerung unter dBASE III

Häufig kommt es vor, daß man vor dem Ausdrucken der Datenbankinhalte und der Ergebnisse, an den Drucker Steuercodes schicken möchte.
Bei diesen Steuercodes, auch Drucker-Setup genannt, handelt es sich um
spezielle Codes, die beim Drucker spezielle Funktionen ermöglichen.

Es soll als erstes die Möglichkeit der Verwendung von Steuercodes in
dBASE III für die Epson-Drucker FX 80 bzw. FX 100 beschrieben
werden.

Die Erläuterungen und Beispiele in den Drucker-Handbüchern sind
zumeist in der Programmiersprache BASIC realisiert.

Im folgenden wird die Wirkung des Befehls **ESC C** erläutert:

Name ESC C-Formularlänge setzen (Zeilen)

Befehl CHR$(27);"C";CHR$(n);
1<n<127

Aufgabe Die Länge der Druckseite wird auf "n" Zeilen gesetzt. Seitenvorschub, Überspringen der Per-
foration wird entsprechend dieser Angabe ausgeführt.
Die Seitenlänge wird als Absolutwert gespeichert, der sich aus "n" mal dem Zeilenabstand ergibt. Daher ändert sich die angegebene
Formularlänge nicht, wenn der Zeilenabstand geändert wird.

Achtung ESC C legt auch den Seitenanfang fest. Die
Position des Papiers beim Empfang von ESC C ist
die erste Zeile einer neuen Seite (Formularanfang)

Beispiel

```
10 ' Seitenlänge 4 Zeilen
20 LPRINT CHR$(27);"C";CHR$(4);
30 FOR I=1 TO 3
40 LPRINT CHR$(12);"Seitenanfang"
50 NEXT I
60 END
```

Seitenanfang

Seitenanfang

Seitenanfang

Diese Druckersteuerung hat in dBASE III die folgende Form:

```
* Seitengröße auf 4 Zeichen pro Seite setzen
setup = CHR(27) + "C" + CHR(4)
* Ausgabe auf Drucker für die SAY-Befehle
SET DEVICE TO PRINT
* Öffnen einer Datenbank
USE autos
* eigentliche Druckersteuerung
@ 0,0 SAY setup
* Testausgabe
@ 0,0 SAY "Seitenanfang 1"
EJECT
@ 0,0 SAY "Seitenanfang 2"
```

Seitenanfang 1

Seitenanfang 2

Als nächstes soll eine Druckersteuerung in der Form vorgenommen werden, daß die Ausgabe jeweils unterstrichen wird. Nach dem Druckerhandbuch lautet der entsprechende Steuercode:

ESC - (1)

Für die Umsetzung in den entsprechenden **SETUP-Befehl** werden die benötigten Zeichen in den ASCII-Code übertragen:

ESC = 27

- = 45

(1) = 1

Dementsprechend lautet der **SETUP-Befehl**:

setup = CHR(27) + CHR(45) + CHR(1)

und ist die einzige Änderung in dem oben aufgeführten Testprogramm.

Neben den Druckern vom Typ Epson FX 80 und FX 100 soll noch das Einsetzen von Steuercodes für den Drucker NEC-P3 erläutert werden. Aus den vielfältigen Einsatzmöglichkeiten der Steuercodes soll hier die Möglichkeit vorgestellt werden, die Schriftarten durch das Programm zu steuern.

Die entsprechenden Steuercodes nach dem Handbuch lauten:

```
ESC     ?     0     für Pica highspeed 10 Zeichen/Zoll
ESC     ?     1     für Pica Schönschrift 10 Zeichen/Zoll
ESC     ?     3     für Pica highspeed 12 Zeichen/Zoll
```

Die dazugehörigen ASCII-Codes lauten nun:

```
ESC  =  27
 ?   =  63
 0   =  48
 1   =  49
 3   =  51
```

Die Druckersteuerung für die unterschiedlichen Schriftarten (fonts)
werden im folgenden Programm demonstriert:

```
*   Druckersteuerung für den NEC-P3
SET DEVICE TO PRINT
*
setup = CHR(27) + CHR(63) + CHR(48) + "Schriftart 0---------"
@ 0,0 SAY setup
*
setup = CHR(27) + CHR(63) + CHR(49) + "Schriftart 1---------"
@ 2,0 SAY setup
*
setup = CHR(27) + CHR(63) + CHR(51) + "Schriftart 3---------"
@ 4,0 SAY setup
*
EJECT
```

Der Einsatz der Druckersteuerung in dBASE III hat natürlich den Vorteil,
die Möglichkeiten des Druckers voll auszunutzen. Problematisch ist
allerdings, daß die Anwendungsprogramme sehr stark von den speziellen
Möglichkeiten des Druckers abhängen;
d. h. eine Druckeränderung kann eine Änderung der Anwendungsprogramme nach sich ziehen.

Diese Abhängigkeit läßt sich umgehen, wenn die entsprechenden
Steuercodes in einer speziellen Datenbank verwaltet werden und dann per
Programm verwendet werden. Wir definieren dazu eine Datenbank
"setup.dbf" mit der nachfolgenden Struktur und den Inhalten:

```
. disp stru
Datenbankstruktur         - B:setup.dbf
Anzahl der Datensätze   -          6
Letztes Änderungsdatum - 01.01.80
Feld    Feldname     Typ           Länge     Dez
   1    DRUCKER      Zeichen           6
   2    ART          Zeichen           8
   3    SETUP1       Numerisch         3
   4    SETUP2       Numerisch         3
   5    SETUP3       Numerisch         3
** Gesamt **                         24

. use setup
. disp all
   1    FX-80     SEITE4      27  67    4
   2    FX-80     SEITE6      27  67    6
   3    FX-80     U-STRICH    27  45    1
   4    NEC-P3    FONT0       27  63   48
   5    NEC-P3    FONT1       27  63   49
   6    NEC-P3    FONT2       27  63   50
```

Neben dem Feld **"drucker"**, das den entsprechenden Druckertyp
kennzeichnet, wird die Art der Druckersteuerung in dem Feld **"art"**
festgehalten. Die nachfolgenden Felder enthalten die **SETUP**-Sequenz, die
aus den Druckerhandbüchern entnommen werden kann.

Das dazugehörige Programm sieht dann wie folgt aus:

Programm SETUP.PRG:

```
.
USE setup
*
edrucker = space(6)
eart     = space(8)
*
SET DEVICE TO SCREEN
CLEAR
@ 5, 5 SAY "Welcher Drucker "
@ 5,25 GET edrucker
@ 7, 5 SAY "Welche Druckart"
@ 7,25 GET eart
READ
*
LOCATE FOR drucker = edrucker .AND. ART = eart
SET DEVICE TO PRINT
setup = CHR(setup1) + CHR(setup2) + CHR(setup3) + "1. Seite -----"
@ 0,0 SAY setup
EJECT
@ 0,0 SAY "2. Seite ------------------"
EJECT
```

Das Programm wird mit

DO setup

gestartet und für die Felder

Drucker und

Druckart

die gewünschte Eingabe vorgenommen:

Als Ergebnis erhält man eine Ausgabe von je einer Zeile pro Seite, wobei die Seitengröße mit vier Zeilen pro Seite festgelegt wurde:

1. Seite ————

2. Seite ————————————————————

8.2 Schnittstelle zum Betriebssystem MS-DOS

Zu der interessanten und für die Praxis sehr nützlichen Möglichkeit
gehört in dBASE III der direkte Aufruf von Betriebssystembefehlen. Mit
dem **RUN-Befehl** (alternativ: !) können Befehle des Betriebssystem MS-
DOS verwendet werden.

Syntax: **RUN <MS-DOS Befehl> oder**

     ! <MS-DOS Befehl>

Bedeutung: dBASE III gibt die Kontrolle an den nach **RUN** oder **!**
     stehenden **MS-DOS-Befehl.** Die Verwendung des Befehls
     ist speicherintensiv. Es werden neben den 256 KB für
     dBASE III, 17 KB für den Aufruf dieser Betriebssystem-
     schnittstelle benötigt; außerdem wird noch der
     Speicherbedarf für das aufgerufene Programm gebraucht.
     Es ist möglich, Programme mit der Namenserweiterung
     .exe oder .com auszuführen. Desweiteren können
     residente Befehle von MS-DOS und Stapelbefehle
     (Namenserweiterung bat) aufgerufen werden.

     Falls dBASE III auf einer 2-Diskettenanlage ohne Fest-
     platte eingesetzt wird, muß eine Systemdiskette mit
     COMMAND.COM und dem Overlay-Teil von dBASE III
     im Zugriff sein.

Beispiel: Bei den folgenden Beispielen wird die zweite Befehls-
     form verwendet.

       !MP

       oder

       !123

     Es wird ein Tabellenkalkulationsprogramm aufgerufen; in
     unserem Fall Multiplan von Microsoft oder 1-2-3 von
     Lotus. Wird vor diesem Befehl noch ein Befehl in der
     Form **LIST ... DELIMITED** ausgeführt, so ist es möglich,
     in dem Tabellenkalkulationsprogramm die aktuellen Werte
     einer Datenbank weiter zuverarbeiten.

!COPY auto*.prg a:
Sämtliche Dateien, deren Namen mit **"auto"** beginnen und
beliebig weitergehen und deren Namenserweiterung **"prg"**
ist, werden auf das Laufwerk a: kopiert.

Befehle in dieser Form sind sehr nützlich, um automatisch Sicherheitskopien zu erstellen.

!DIR *.bak
Es werden die Dateinamen mit der Namenserweiterung **"bak"**
aufgelistet.

!ERASE *.tmp
Es werden sämtliche Dateien mit der Namenserweiterung
"tmp" gelöscht.

!BACKUP *.dbf a:
Es werden die Dateien mit der Namenserweiterung **"dbf"**
von der Festplatte auf Diskette gesichert. Hierbei wird
die Standardsicherung des Betriebssystems durchgeführt.

Bei der Verwendung des **RUN-Befehls** sollte man das MS-DOS Handbuch
heranziehen. Beim Aufruf eines weiteren Softwarepakets, sollte man die
entsprechenden Handbücher verwenden, um z. B. beim Aufruf von Lotus
1-2-3 das Laden der Datenbankdaten und ihre weitere Verarbeitung,
durch die Verwendung von Lotus-Makros zu automatisieren.

8.3 Datentransfer von/zu anderen PC-Softwarepaketen

Eine Anwendung auf dem Personalcomputer sollte man nicht nur aus der Sicht des Datenbanksystems sehen. Am Anfang des Buches wurde bereits angesprochen, daß es neben dem Datenbankeinsatz noch weitere dominante Anwendungspakete gibt.

So sollen z. B. für die Textverarbeitung die Kundenanschriften nicht noch einmal eingegeben werden, stattdessen ist es sinnvoll, die Kundenanschriften aus den dBASE III-Datenbanken dem Textverarbeitungssystem zur Verfügung zu stellen. Dadurch entfällt der Aufwand der mehrmaligen Erfassung derselben Daten und die Gefahr, daß die Daten an unterschiedlichen Stellen nicht gleich gepflegt werden.

Ähnliche Überlegungen gelten natürlich auch für grafische Anwendungen oder für ein Tabellenkalkulationssystem, aus dem eventuell dann berechnete Werte in das Datenbanksystem zurückfließen.

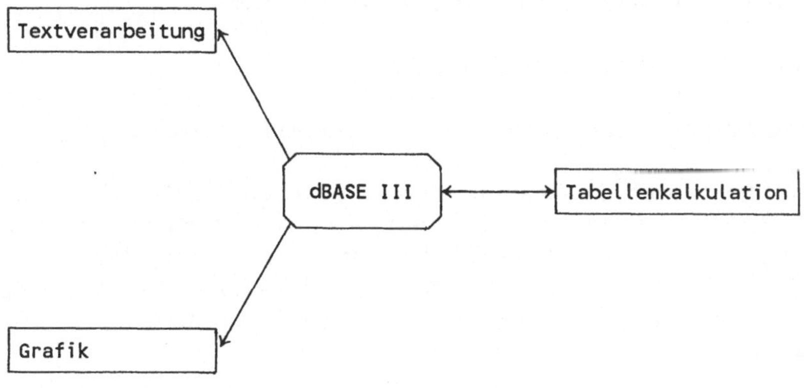

Bild 8.1

Der Datenaustausch wird über sequentielle ASCII-Dateien realisiert. dBASE III kann in diesem ASCII-Format Daten schreiben oder lesen. Es ist sinnvoll, daß eine Zeile der ASCII-Datei einem Satz der Datenbank entspricht.

Die genaue Vorgehensweise soll an einem Beispiel erläutert werden. Es
liegt eine Datei mit dem Namen **TRANSFER.INP** vor; die Namenserweiterung "INP" wurde so gewählt, um anzuzeigen, daß es sich um **INP**ut
für **dBASE III** handelt.

Die Datei hat den Inhalt:

Satz Nr. 1 10.99 44.61 11.77 Endetext
Satz Nr. 2 20.99 44.62 22.77 Endetext
Satz Nr. 3 30.99 44.63 33.77 Endetext
Satz Nr. 4 40.99 44.64 44.77 Endetext
Satz Nr. 5 50.99 44.65 55.77 Endetext
Satz Nr. 6 60.99 44.66 66.77 Endetext

Für die weitere Vorgehensweise wurde noch die Spaltennumerierung mit
ausgedruckt. Eine solche Dateiform kann von den unterschiedlichen
Systemen einfach erstellt werden wie:

- durch BASIC-Programme mit PRINT #1,<Werte>

- durch ein Tabellenkalkulationssystem

- anderen Programmiersprachen wie FORTRAN, COBOL, usw.

Entsprechend dem durch die Spaltenbreite vorgegebenen Satzaufbau wird
hierzu eine dBASE III-Datenbank definiert. Zu beachten ist hierbei, daß
numerische Felder mit einer Stelle für das Vorzeichen interpretiert
werden, d. h. die Zahl 10.99 in der ersten Zeile hat eine Gesamtlänge von
6 Stellen (1 Vorzeichen, 2 Vorkommastellen, 1 Dezimalpunkt, 2
Nachkommastellen).


```
.
Datenbankstruktur         - B:transfer.dbf
Anzahl der Datensätze     -         6
Letztes Änderungsdatum - 22.07.85
Feld    Feldname    Typ           Länge      Dez
    1   TEXT_ANF    Zeichen          10
    2   N1          Numerisch         6        2
    3   N2          Numerisch         6        2
    4   N3          Numerisch         6        2
    5   ENDE        Zeichen          12
** Gesamt **                         41
```

Der Zusatz "SDF" gibt an, daß die Datei, die an die Datenbankdatei
angehängt werden soll, im Standarddatenformat gespeichert ist, d. h. es
handelt sich um eine sequentielle ASCII-Datei.

Mit dem Befehl
APPEND FROM transfer.inp SDF

werden die Sätze der sequentiellen Datei **transfer.inp** in die Datenbank
transfer.dbf übertragen. dBASE III bestätigt die Übertragung mit der
Meldung:

      6 Sätze addiert

Zur Kontrolle soll der Inhalt der Datenbank gelistet werden:

```
1    Satz Nr.  1    10.99    44.61    11.77    Endetext
2    Satz Nr.  2    20.99    44.62    22.77    Endetext
3    Satz Nr.  3    30.99    44.63    33.77    Endetext
4    Satz Nr.  4    40.99    44.64    44.77    Endetext
5    Satz Nr.  5    50.99    44.65    55.77    Endetext
6    Satz Nr.  6    60.99    44.66    66.77    Endetext
```

Hierbei fällt auf, daß der eigentliche Text in dem Feld "ENDE" um eine
Stelle nach rechts verschoben wird. Dieses resultiert aus dem Leerzeichen
in der Spalte 29, das nach der Datenstruktur zum Inhalt des Feldes
"ENDE" gehört.

Als nächstes soll eine Transferdatei erstellt werden, die nicht den selben
Spaltenaufbau wie die Eingabedatei hat, sondern in dem die Dateninhalte
mit Komma getrennt sind und die Texte mit Anführungszeichen
eingeschlossen sind. Ein solches Dateiformat kann dann ohne Probleme
mit einem anderen Softwarepaket verarbeitet werden.

Der Befehl dazu lautet:

COPY TO transfer.prn DELIMITED

Die Option "DELIMITED" gibt an, daß die Felder getrennt werden. Falls
das Trennzeichen nicht mit angegeben wird, wird von
dBASE III das Komma als Trennzeichen verwendet.

Soll hier ein anderes Trennzeichen benutzt werden, so ändert sich der
Befehl in:

COPY TO transfer.str DELIMITED WITH -

Im ersten Fall hat die Datei **transfer.prn** die Form:

```
-Satz Nr. 1-,10.99,44.61,11.77,- Endetext-
-Satz Nr. 2-,20.99,44.62,22.77,- Endetext-
-Satz Nr. 3-,30.99,44.63,33.77,- Endetext-
-Satz Nr. 4-,40.99,44.64,44.77,- Endetext-
-Satz Nr. 5-,50.99,44.65,55.77,- Endetext-
-Satz Nr. 6-,60.99,44.66,66.77,- Endetext-
```

8.4 Datentransfer von/zu anderen Rechnern

Beim Einsatz von Mikrocomputern gewinnt der Aspekt der
Kommunikationsfähigkeit zunehmende Bedeutung. Im Großunternehmen
oder im mittelständischen Betrieb ist der Mikrocomputer ein Baustein in
einem umfassenden Informations- und Datenverarbeitungssystem. Der
Mikrocomputer muß hier in der Lage sein, mit unterschiedlichen
Rechnern und Anwendungen zu kommunizieren.

Bei kleineren Unternehmen soll der PC eventuell über eine
Telefonverbindung an ein Service-Rechenzentrum angebunden werden;
außerdem werden Postdienste wie DATEX-P oder BTX genutzt.

Falls mehrere Personalcomputer eingesetzt werden, können diese
miteinander verbunden werden, um sich einen Drucker zu teilen oder die
Datenbestände nur auf einem System zu speichern, von den anderen aber
abgerufen werden können.

Für den letzten Punkt ist natürlich die Rolle eines Datenbanksystems von
sehr großer Bedeutung. Insgesamt kann man die folgenden physischen
Anbindungen unterscheiden:

- Personalcomputer -> HOST (= Zentraler Rechner)

- Personalcomputer -> Personalcomputer

- Personalcomputer -> lokales Netzwerk

Ein lokales Netzwerk wird in der Fachliteratur auch als Local Area
Network oder LAN bezeichnet.

Ein kleines LAN mit einem zentralen Drucker und einem zentralen
Massenspeicher hat den Aufbau:

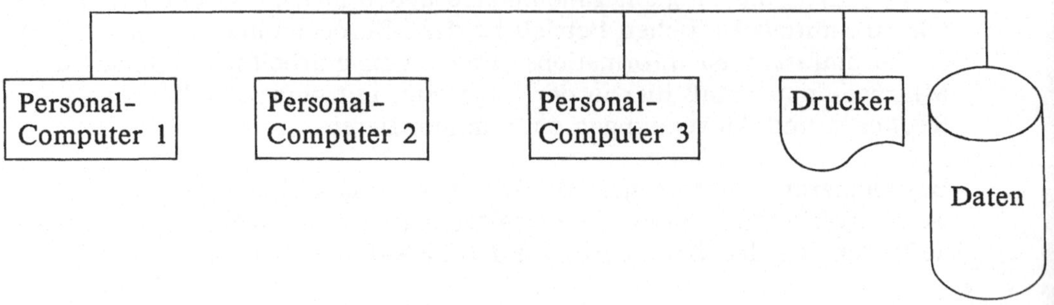

Bild 8.2

Für den Anschluß eines Personalcomputers an einen zentralen Rechner ist
es sinnvoll, daß sich der PC dem HOST gegenüber, wie ein unintelligentes
Terminal verhält. Durch die lokale Intelligenz des PC ist es meistens auch
möglich, Daten vom HOST auf dem PC zu empfangen oder weiterzuverarbeiten.

Wie in Abschnitt 8.3 für den lokalen Datenaustausch beschrieben, ist es
hier für dBASE III lediglich notwendig, die Daten in einer sequentiellen
ASCII-Datei bereitzustellen.

Das Erstellen einer sequentiellen Datei wird auf dem HOST
vorgenommen. Falls dieser nicht im ASCII-Code arbeitet, muß die
Übertragungssoftware eine entsprechende Codekonvertierung vornehmen,
die zumeist in den entsprechenden Übertragungssoftwares enthalten ist.

Personalcomputer können direkt an einen zentralen oder aber über
Postleitungen im sogenannten **REMOTE-Modus** Rechner angeschlossen
werden; hierzu werden Datenendgeräte (Modems) für die Postleitungen
benötigt:

Bild 8.3

Auch hierbei ist es möglich, daß Daten zwischen Personalcomputer und
HOST in beiden Richtungen übertragen werden und die Daten, wie sie in
Abschnitt 8.3 beschrieben wurden, weiter zu verarbeiten.

Der Personalcomputer ist durch seine interne Logik in der Lage, sich wie
ein normales Terminal an einem Zentralrechner oder HOST zu verhalten.
Diese Anschlußmöglichkeit umfaßt nahezu alle gängigen
Computermodelle. Durch die Speichermöglichkeit von Daten auf Seiten
des PC und deren Weiterverarbeitung durch leistungsstarke
Softwarepakete ist die Datenübertragung oder der Filetransfer fester
Bestandteil in der Informationsverarbeitung.

Die Weiterverarbeitung der empfangenen Dateien in sequentieller ASCII-
Form durch dBASE III schließt den PC in diese Informations-
verarbeitung mit ein, ebenso wie die Ausgabe von Dateien, die in anderen
Systemen weiterverarbeitet werden können.

Diese Form läßt sich z. B. von dem Tabellenkalkulationssystem LOTUS
1-2-3 weiter verarbeiten; zu beachten ist lediglich, daß die Transferdatei
die Namenserweiterung **"PRN"** trägt, die LOTUS für eine solche Datei
voraussetzt.

Die entsprechenden Befehle für LOTUS 1-2-3 heißen dann:

Transfer   für Datei übertragen
Import   die Datei hat das Standard-ASCII-Format

„Chef, die Kollegen scheinen leider unsere Begeisterung für die
Systemumstellung nicht zu teilen."*

*Mit freundlicher Genehmigung der ADR, München.

Jedes neu eingeführte Softwarepaket wird natürlich auch daran gemessen,
wie es in eine bestehende Systemumgebung eingepaßt wurde. Soll das
neue Softwarepaket zudem eine bestehende Anwendung ablösen, so stellt
sich unmittelbar die Frage nach dem Umstellungsaufwand. Das System
dBASE II ist das weitverbreiteste Datenbanksystem für Mikrocomputer
und so ist es verständlich, daß von vielen dBASE II-Benutzern ein
Wechsel zum leistungsstarken dBASE III ins Auge gefaßt wird.

Im Lieferumfang von dBASE III befindet sich auf der Diskette das
Programm "dCONVERT". Dieses Programm stellt eine Brücke zwischen
den Anwendungsmöglichkeiten unter dBASE II und denen unter
dBASE III dar.

Bild 8.4

dBASE II kennt folgende Dateitypen aus denen sich eine Anwendung
zusammensetzen kann.

(1) Datenbank-Dateien **<.DBF>**
    dBASE III hat eine geänderte Datenspeicherungsstruktur gegen-
    über dBASE II wie z. B. eine größere Genauigkeit bei
    numerischen Variablen.

(2) Memory-Dateien　　**<.MEM>**
    Hier gilt das gleiche wie zu (1). Aus diesem Grund müssen die
    Dateien ebenso wie Datenbank-Dateien bei einem Systemwechsel
    konvertiert werden.

(3) Report-Dateien　　**<.FRM>**
    dBASE III hat hier eine andere Speicherungsstruktur und
    Reports müssen daher konvertiert werden.

(4) Programm-Dateien <.PRG>
Die Logik einiger Befehle wurde geändert, manche Befehle und
Möglichkeiten wurden erweitert. Wenn nun ein dBASE II-Programm
durch ein Programm wie dCONVERT in den dBASE III-Standard
umgesetzt wird, so kann dies nicht immer 100prozentig sein,
d. h. manche dBASE II-Befehle können von dem Programm
dCONVERT nicht in die adäquaten dBASE III-Befehle umgesetzt
werden.

Diese Stellen werden dann in dem neuen Programm mit
Kommentaren versehen. Der Prozentsatz der erfolgreich umgesetzten Anweisungen hängt von dem Programmierstil ab und kann
eventuell dazu führen, ein Programm eher ganz neu zu schreiben,
als die nicht umgesetzten Anweisungen anzupassen. Auch die
neuen Möglichkeiten wie dem gleichzeitigen Arbeiten mit mehr
als 2 Datenbanken (was bei dBASE II auf maximal 2 begrenzt
war) können dazu führen, die daraus resultierende aufwendige
Realisierung unter dBASE II neu in dBASE III zu schreiben.

(5) Format-Dateien   <.FMT>
Format-Dateien enthalten im Regelfall nur die **SAY-**, **GET-** und
READ-Anweisungen. Eine Konvertierung sollte vorgenommen
werden.

(6) Index-Dateien   <.NDX>
Index-Dateien werden nicht direkt umgesetzt, sondern es wird
nur eine Anweisungsfolge erzeugt, die dann mit dem **DO-Befehl**
zur Ausführung gebracht werden muß.

Das Programm dCONVERT legt das neue Objekt unter dem gleichen Namen wie das alte ab, das alte Objekt wird zuvor so umbenannt, daß der letzte Buchstabe der Namenserweiterung ein **"B"** ist: Beispiel für eine Programmkonvertierung:

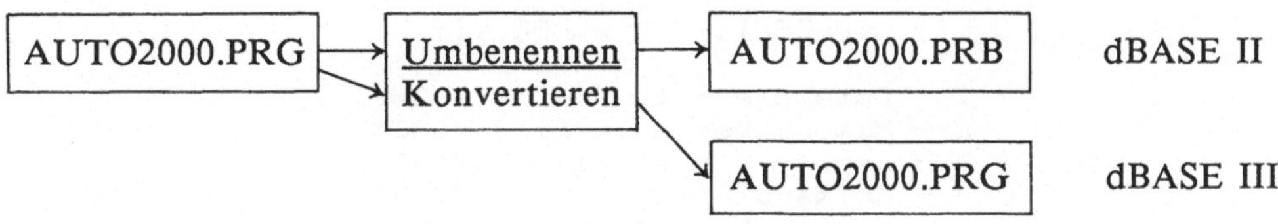

Bild 8.5

Das Konvertierungsprogramm wird im Betriebssystemmodus mit dem Befehl aufgerufen

DCONVERT

Von dBASE III aus läßt sich das Programm auch aufrufen, falls sich das Programm auf dem aktuellen Laufwerk befindet. Der Befehl dazu lautet dann

!DCONVERT.

In beiden Fällen erscheint dann auf dem Bildschirm folgende
Eingabemaske:

```
dBASE CONVERT - dBASE III File Conversion Aid  v1.07 10/23/84
      (c) 1984 By Ashton-Tate    All Rights Reserved

                 dBASE II --> dBASE III

         1 - Database File          <.DBF>
         2 - Memory Variable File <.MEM>
         3 - Report Format File     <.FRM>
         4 - Command File            <.PRG>
         5 - Screen Format File     <.FMT>
         6 - Index File Help         <.NDX>
         7 - Un-dCONVERT III->II    <.DBF>

         9 -          Instructions
         0 -              EXIT




< Use cursor arrows to move between choices;
                         hit RETURN to select choice >
```

Die Punkte (1) bis (6) wurden oben bereits erläutert.

(7) Datenbank-Dateien von dBASE III nach dBASE II
    Diese Möglichkeit erscheint zunächst wie ein Schritt zurück,
    soll aber den folgenden Anwendungsfall ermöglichen: Ein nicht
    konvertiertes dBASE II-Programm soll eine Datenbank von
    dBASE III mit den Einschränkungen von dBASE II verarbeiten
    können.

(9) Hilfe-Instruktion
    Mit dieser Option erhalten Sie etwa 2 Seiten Instruktionen für
    die Anwendung des Programms. Allerdings ist diese Hilfe wie
    das Eingangsbild schon vermuten läßt in Englisch abgefaßt.

258

(0) Beenden von dCONVERT   (EXIT).

Die Anwendung der Optionen (1) bis (6) sieht dann etwa so aus:

- Auswählen einer Option.

- Mit dem Cursor muß die gewünschte Verarbeitungsart angewählt und
  mit der **RETURN-Taste** ausgewählt werden.

Die Konvertierung läuft dann unmittelbar an.

8.6 Systemkonfiguration

Beim Einsatz von dBASE III sollte man die Möglichkeiten der
Systemkonfiguration berücksichtigen.

Beim Starten des Computers wird vom System zu Beginn nach einer Datei
mit dem Namen **CONFIG.SYS** gesucht. Falls diese Datei existiert, enthält
sie spezielle Konfigurationsbefehle, anderenfalls werden vom System die
Standardannahmen übernommen. Das Erstellen der Datei kann auf
folgende Art durchgeführt werden:

```
A>copy con:  config.sys
FILES=20
BUFFERS=16
^Z
```

Mit **Control Z (^Z)** wird der Eingabemodus beendet. Der **COPY-Befehl**
ist im Betriebssystem-Handbuch näher erläutert und bewirkt hier, daß die
Eingabe über Tastatur (**CON: = Console**) in die Datei **CONFIG.SYS**
kopiert wird.

Betrachten wir aber nun die Konfigurationsbefehle

Der erste Konfigurationsbefehl hat folgende allgemeine Form:

    FILES=xx.

Der Höchstwert von xx beträgt 99, fehlt dieser Befehl, so wird der
Standardwert 8 angenommen. Die Angabe xx gibt an, wieviele Dateien
maximal geöffnet sein können. Im residenten Teil des Betriebssystems
DOS werden für jede Datei über der Standardanzahl 8 hinaus 39 Bytes
belegt. Bei Fehlermeldungen von dBASE III, die signalisieren, daß zuviele
Dateien geöffnet sind, sollte diese Angabe in der Datei **CONFIG.SYS**
erhöht werden.

Danach muß das System neu gestartet werden. Wirkungsvoller ist es
jedoch oft, die Programme zu analysieren und mit gezieltem Schließen
von gerade nicht benötigten Dateien, die Ursache der Fehlermeldung zu
beseitigen. Zu beachten ist hierbei, daß zu den geöffneten Dateien die
Datenbank, Indexdateien, Programme, Prozedurdateien und Formatdateien
gehören.

Der Konfigurationsbefehl **BUFFERS** (Puffer, Zwischenspeicher) gehört zu
den Möglichkeiten, die Verarbeitungsgeschwindigkeit zu beschleunigen.
Der Befehl hat die Form:

    BUFFERS = xx

xx ist eine Zahl zwischen 1 und 99. Fehlt dieser Konfigurationsbefehl, so
wird vom System der Standardwert 2 angenommen. Für jeden Puffer
werden vom Hauptspeicher 528 Bytes benötigt, d. h. durch die Puffer
gehen der Anwendung ein großer Teil des verfügbaren Speichers verloren.
Die Puffer dienen bei einem Lesevorgang von der Festplatte oder von der
Diskette als Zwischenspeicher und werden von dort dem
Anwendungsprogramm zur Verfügung gestellt.

Bei einem erneuten Lesevorgang ist eventuell der benötigte Satz in einem
der Puffer, so daß ein Zugriff auf den externen Speicher nicht mehr
nötig ist. Die Verarbeitungsgeschwindigkeit erhöht sich dadurch.

Umgekehrt benötigt das Durchsuchen der Puffer auch Zeit. Diese Zeit
und der Platzbedarf im Hauptspeicher sind zu berücksichtigen, um eine
optimale Anzahl Puffer zu konfigurieren. Dabei sollte man folgende
Grenzen berücksichtigen:

        nicht weniger als 12 Puffer

        nicht mehr als 20 Puffer.

dBASE III bietet die Möglichkeit an die speziellen Anforderungen der
Anwender angepaßt zu werden. Die entsprechenden Konfigurationsbefehle für dBASE III sind in der Datei **CONFIG.DB** gespeichert.

Falls die Datei **CONFIG.DB** nicht existiert oder nicht in demselben
Directory wie **DBASE.EXE** enthalten ist, werden die Standardwerte
angenommen. Die Datei läßt sich mit einem Texteditor, oder wie oben für
die Datei **CONFIG.SYS** beschrieben, mit den gewünschten Befehlen
erstellen. Mit den Konfigurationsbefehlen im **CONFIG.DB** können
Anpassungen in folgenden Punkten vorgenommen werden:

- die Funktionstasten **F2** bis **F10** umdefinieren
  (**F1** bleibt der Aufruf des Hilfesystems)

- die Einstellungen im **SET-Befehl;**

- einen anderen Texteditor für die Programmerstellung aktivieren;

- die Ausführung eines bestimmten Programms beim Start von
  dBASE III.

Der größte Teil der Konfigurationsbefehle in der Datei **CONFIG.DB** sind
Optionen des **SET-Befehls**.

Dabei wurde die entsprechende Syntax leider nicht übernommen:

SET BELL ON   ... im dBASE III-Programm

BELL = OFF   ... in der Konfigurationsdatei **CONFIG.DB**

Liste der in der Datei **CONFIG.DB** bekannten Befehle:

ALTERNATE   **<Dateiname>**

BELL   **ON/OFF**

CARRY   **ON/OFF**

COLOR   **<Farboptionenliste>**

CONFIRM   **ON/OFF**

CONSOLE   **ON/OFF**

DEBUG   **ON/OFF**

DECIMALS	<ganze Zahl von 1 bis 14>	
DEFAULT	<Laufwerksangabe>	
DELETE	ON/OFF	
DELIMITER	ON/OFF/ 1 Zeichen/ 2 Zeichen	
DEVICE	SCREEN/PRINTER	
ECHO	ON/OFF	
ESCAPE	ON/OFF	
EXACT	ON/OFF	
F2 bis F10	<Befehl> <Befehl>	Umdefinition der Funktions- taste, das Semikolon ist hierbei der Platzhalter für (RETURN)
HEADINGS	ON/OFF	
HELP	ON/OFF	
INTENSITY	ON/OFF	
MARGIN	<ganze Zahl von 0 bis 254>	
MENUS	ON/OFF	
PATH	<Pfadname für MS-DOS>	
PRINT	ON/OFF	
SAFETY	ON/OFF	
SCOREBOARD	ON/OFF	
STEP	ON/OFF	
TALK	ON/OFF	
UNIQUE	ON/OFF	

Außerdem können noch folgende Parameter angegeben werden:

BUCKET <ganze Zahl von 1 bis 31>
Die Zahl gibt die Anzahl der KB für die Speicherzuordnung der
PICTURE und **RANGE-Angaben** im **GET-Befehl** an. Voreinstellung ist 2.

GETS <ganze Zahl von 35 bis 1023>
Anzahl der aktiven **GETS**. Voreinstellung ist 128.

MAXMEM <ganze Zahl von 200 bis 720K>
gibt an, wieviel KB von dBASE III an ein weiteres Programm abgegeben
werden (Standardwert 256K).

MVARSIZ <ganze Zahl von 1 bis 31K>
Größe in KB für die Speichervariablen (Standardwert 6KB) z. B.
MVARSIZ = 10K

PROMPT <Zeichenkette für die Eingabeaufforderung>
Umdefinition des dBASE III Prompt, Standard ist der Punkt (.), der
anzeigt, daß dBASE III einen Befehl erwartet.

TEDIT <DOS-Programm>
Hierdurch kann man ein anderes Textprogramm als den dBASE III-Editor
beim **MODIFY COMMAND** aufrufen. Diese Vorgehensweise ist
empfehlenswert allerdings auch speicherintensiv.
Beispiel:

     TEDIT = WS

Wordstar wird als Textprogramm für die Programmerstellung und
Änderung aufgerufen

     WP <DOS-Programm>

Vergleichen Sie hierzu die Möglichkeiten von **TEDIT** für das Ändern von
MEMO-Feldern in der Datenbank.

Eine weitere Möglichkeit dBASE III an die Wünsche des Anwenders
anzupassen, besteht darin, im dBASE III-Aufruf direkt eine
Programmdatei anzugeben.

Beispiel:

A>DBASE B:AUTO0000

dBASE wird vom Laufwerk A gestartet und die Programmdatei
AUTO0000.PRG vom Laufwerk B zur Ausführung gebracht.

Unter bestimmten Einsatzmöglichkeiten ist es sinnvoll, den obigen Befehl
in die Datei **AUTOEXEC.BAT** anzuhängen. In diesem Fall wird beim
Starten des Systems automatisch dBASE III mit dem Anwendungsprogramm **AUTO0000.PRG** gestartet.

Der Inhalt der Datei **AUTOEXEC.BAT** ist sehr stark von der Hardware-
konfiguration des Personal-computers abhängig. Es soll an dieser Stelle
die Kommandofolge für das automatische Starten einer
dBASE III-Anwendung aufgestellt werden. Die nachfolgenden
Kommandos sind unterschieden nach einem 2-Disketten-System
(Laufwerk A und B) und einem Festplattensystem auf dem dBASE III auf
dem Unterverzeichnis **"DBASE3"** installiert ist.

Für einen Personalcomputer mit 2 Diskettenlaufwerken kann die Datei
"autoexec.bat" dann den Aufbau haben:

KEYBGR
B:
PAUSE Anwendungsprogramme in Laufwerk A einlegen
DBASE A:auto0000

Die Handhabung mit den Disketten ist wie folgt:

- Systemdiskette in Laufwerk A
- dBASE III Diskette 1 in Laufwerk B
- dBASE III Diskette 2 in Laufwerk B

Die Befehle der Datei **"autoexec.bat"** bedeuten im einzelnen:

KEYBGR   bewirkt die Tastaturanpassung an die deutsche Tastatur
B: bewirkt das Umschalten auf das Laufwerk B
PAUSE.... sendet die entsprechende Meldung auf den Bildschirm und
               erwartet als Bestätigung die RETURN-Taste

DBASE A:auto0000

bewirkt das Starten von dBASE III über die beiden System-
disketten und die automatische Ausführung eines dBASE III-
Programmes, daß sich in Laufwerk A befinden muß. In diesem
Programm sollte zu Beginn die Anweisung **SET DEFAULT TO a**
stehen und die nachfolgenden Programme, Datenbanken etc.
standardmäßig von Laufwerk A anzufordern.

Die Datei **"autoexec.bat"** für den Personalcomputer mit einem Festplattenlaufwerk:

KEYBGR
CHDIR DBASE
DBASE auto0000
CHDIR

Der Befehl **CHDIR** ermöglicht das Wechseln eines Verzeichnisses oder
Directories, wobei der Name des entsprechenden Directories folgen muß.
Der umgekehrte Schrägstrich oder Backslash (\) steht für das
Hauptverzeichnis oder dem Root-Directory, in das nach der
dBASE III-Anwendung automatisch zurückgegangen wird.

8.7 Kapitelzusammenfassung

Das praktische Arbeiten mit dBASE III zeigt, daß eine Reihe von
Überlegungen notwendig sind, um das System auf die Anforderungen der
Anwendung anzupassen. Dabei besteht die Möglichkeit mit der Datei

CONFIG.SYS

die Systemumgebung anzupassen.

Mit der Datei

CONFIG.DB

kann dBASE III selbst konfiguriert werden.

Die Datei

AUTOEXEC.BAT

ermöglicht das automatische Starten (nach einem Kaltstart oder einem
Warmstart) einer bestimmten dBASE III-Anwendung.

Mit dBASE III läßt sich ein Drucker über **SETUP**-Sequenzen für die
speziellen Anforderungen anpassen.

Für die Konvertierung von dBASE III-Anwendungen wird das Programm

DCONVERT

bereitgestellt, mit dem die Programme, Datenbanken, etc. umgewandelt
werden können.

Anhang:
Liste der wichtigsten Befehle und Anweisungen

FUNKTIONSTASTEN

F1 - help;

F2 - assist;

F3 - list;

F4 - dir;

F5 - display structure;

F7 - display memory;

F8 - display;

F9 - append;

F10 - edit;

<u>**Erzeugen und Bearbeiten einer Datenbank**</u>

APPEND	–	Anhängen von Sätzen an einer Datenbank
CLOSE	–	Schließen einer Datei
COPY	–	Kopiert die aktuelle Datenbankdatei in eine neue
CREATE	–	Erstellen einer neuen Datenbankstruktur
DELETE	–	Markiert Sätze zum Löschen (aufheben mit **RECALL**, endgültig löschen mit **PACK**
DISPLAY	–	Anzeigen von Feldern und Sätzen
EDIT	–	Editieren von Datenfeldern
INDEX	–	Erstellen einer Indexdatei
LIST	–	Listen von Feldern und Sätzen
LOCATE	–	sequentielles Durchsuchen der Datenbank
CONTINUE	–	weiteres Durchsuchen mit der Bedingung, die im LOCATE-Befehl gesetzt wurde
PACK	–	Endgültiges löschen von Sätzen
REPLACE	–	Datenfelder ersetzen
SEEK	–	Zugriff auf die Daten über Index
SKIP	–	Vor- und Zurückgehen in der Datenbank
USE	–	Eröffnen einer Datenbank
ZAP	–	Löscht alle Datenbanksätze

<u>dBASE III-Parameter</u> (in Großschreibung der Standardwert)

SET CARRY on/OFF	- Inhalt des letzten Satzes wird übertragen
SET DELETED on/OFF	- Sätze mit der Löschmarkierung werden beachtet bzw. nicht beachtet
SET DEVICE TO SCREEN/print	- Sendet @...SAY-Befehl auf Bildschirm oder Drucker
SET ECHO on/OFF	- Ausgeführte Programmanweisungen werden protokolliert
SET FILTER TO	- Datenbanksätze, die der Bedingung genügen werden verarbeitet
SET FORMAT TO	- Eröffnen einer Formatdatei
SET RELATION TO	- Verbinden zweier Datenbanken über einen gemeinsamen Schlüssel
SET TALK ON/off	- Ergebnisse von Befehlsausführungen werden angezeigt

<u>**Ein- und Ausgabe**</u>

?	–	Anzeige von Variablen und Ausdrücken
@...GET	–	Formatierte Eingabe
@...SAY	–	Formatierte Ausgabe
AVERAGE	–	Ermitteln des Durchschnitts
CLEAR	–	Bildschirm löschen
COUNT	–	Zählen von Sätzen, die einer Bedingung genügen
EJECT	–	Vorschub auf neue Seite
LABEL	–	Erstellen von Etiketten mit **CREATE LABEL**, Ändern der Etiketten mit **MODIFY LABEL**
READ	–	Eingabe der **@...GET**-Variablen
REPORT	–	Erstellen von Reports mit **CREATE REPORT**, Ändern des Report mit **MODIFY REPORT**
SUM	–	Summe bilden

<u>**E D I T O R**</u>

MODIFY COMMAND <Dateiname>
              - Aufruf des Editors
TYPE <Dateiname> TO PRINT
              - Ausdruck der Datei

       Tasten-Funktionen des Editors

^A oder HOME   -   Cursor an den Anfang
                           des aktuellen bzw.
                           vorhergehenden Wortes

^B   -   Cursor an das Ende der Zeile

^C oder PgDn   -   Der Bildschirm wird 18
                           Zeilen nach unten bewegt.

^F oder End   -   Cursor an den Anfang des
                           nachfolgenden Wortes

^G oder Del   -   Löscht das Zeichen, auf
                           dem der Cursor steht

^KR   -   Fügt eine andere Datei
                           unter der Zeile, in der
                           der Cursor steht, ein

^KW   -   Schreibt die aktuelle
                           Datei in eine andere Datei

^M oder <-   -   Bewegt den Cursor an den
                           Anfang der nächsten Zeile.
                           Im Einfügemodus wird eine
                           neue Zeile eingefügt.

^N   -   Fügt eine Leerzeile ein

^Q oder Esc   -   Abbruch der Bearbeitung
                           ohne Sicherung

^R oder PgUp   –   Der Bildschirm wird 18
Zeilen nach oben bewegt.

^V oder Ins   –   Einfügemodus an bzw. aus

^W   –   Ende der Bearbeitung und
Sicherung der Datei

^Y   –   Löscht die aktuelle Zeile

^Z   –   Cursor an den Anfang der
Zeile

<u>**Programm-Modus**</u>

DO — Ausführen eines Programms oder einer Prozedur

DO CASE — Leitet eine Mehrfachverzweigung für mehrere Fälle ein

CASE — Einer dieser Fälle ist erfüllt

OTHERWISE — Keiner der Fälle ist erfüllt

END CASE — Ende der Programmalternativen

DO WHILE
ENDDO — Leitet in Abhängigkeit von einer Bedingung eine Wiederholungsgruppe ein bzw. beendet diese

IF — Die Ausführung wird an eine Bedingung gestellt

ELSE — Anderenfalls werden die nachfolgenden Anweisungen ausgeführt

ENDIF — Ende dieser Verzweigung

PROCEDURE — Anfang einer Prozedurdatei

RETURN — Beenden eines Programms

SELECT — Ändern des Ein-/Ausgabebereichs

&	Makro-Ersetzung
AT	Substring-Position im String ermitteln
ASC	Zeichen in ASCII-Code umwandeln
BOF	Anfang der Datei (Beginning Of File)
DOW	Tag der Woche (Day Of Week)
CHR	ASCII-Code in Zeichen (Characters) umwandeln
CMONTH	Kalendermonat
COL	Gegenwärtige Bildschirmspaltenposition
CTOD	Zeichen in Datum umwandeln (Character To Date)
DATE	Systemdatum des Computers
DAY	Tag des Monats
DELETED	Zur Löschung markierter Satz
DOW	Tag der Woche (Day Of Week)
DTOC	Datum in Zeichen umwandeln (Date To Character)
EOF	Ende der Datei (End Of File)
EXP	Exponent (e^x)
FILE	Prüfen, ob Datei (File) vorhanden
INT	Ganze Zahlen (Integer) erzeugen
LEN	Länge eines Zeichenstrings
LOG	Logarithmus
LOWER	Großbuchstaben in Kleinbuchstaben umwandeln

MONTH	Monat des Jahres
PCOL	Druckerspaltenposition (Printer Column)
PROW	Druckerzeilenposition (Printer Row)
RECNO	Gegenwärtige Satznummer (Record Number)
ROUND	Runden
ROW	Gegenwärtige Bildschirmzeilenposition
SPACE	Erzeugt Leerstellen
SQRT	Quadratwurzel
STR	Numerische Daten in Zeichen umwandeln
SUBSTR	Teilkette aus einer Zeichenkette herausziehen
TIME	Systemzeit des Computers
TRIM	Entfernt nachfolgende Leerzeichen
TYPE	Prüft Ausdruck auf Gültigkeit
UPPER	Kleinbuchstaben in Großbuchstaben umwandeln
VAL	Zeichen in numerische Daten umwandeln
YEAR	Jahr

<u>**Unterstützung**</u>

ASSIST   - Menügesteuerte Befehlsauswahl

DIR   - Namensanzeige von Dateien

DISPLAY MEMORY   - Definition und Inhalt von Speichervariablen

DISPLAY STATUS   - Statusinformationen von dBASE III

DISPLAY STRUCTURE - Struktur der aktuellen Datenbank anzeigen

QUIT   - Verlassen von dBASE III

FUNKTIONEN

Funktionen führen spezielle, zusammengefaßte Operationen aus, mit
denen die **dBASE III**-Befehle um zusätzliche wirkungsvolle
Leistungsmöglichkeiten vermehrt und erweitert werden.

Funktionen werden als Ausdrücke oder Teile von Ausdrücken verwendet,
die auf Befehlswörter folgen. Die Funktionen und die von ihnen jeweils
produzierten Datentypen finden Sie in der nachfolgenden Tabelle
alphabetisch geordnet:

Name der Funktion	Beschreibung	Datentyp Ausgabe	Datentyp Ausgabe
&	Makro-Ersetzung	C	C
AT	Substring-Position im String ermitteln	C	C
ASC	Zeichen in **ASCII**-Code umwandeln	N	C
BOF	Anfang der Datei (Beginning OF File)	L	C
DOW	Tag der Woche (Day Of Week)	C	D
CHR	**ASCII**-Code in Zeichen (Characters) umwandeln	C	C
CMONTH	Kalendermonat	C	D
COL	Gegenwärtige Bildschirmspaltenposition	N	*
CTOD	Zeichen in Datum umwandeln (Character To Date)	D	Ç*
DATE	Systemdatum des Computers	D	
DAY	Tag des Monats	N	D*
DELETED	Zur Löschung markierter Satz	L	
DOW	Tag der Woche (Day Of Week)	N	D
DTOC	Datum in Zeichen umwandeln (Date To Character)	C	D*
EOF	Ende der Datei (End Of File)	L	
EXP	Exponent (e^x)	N	N
FILE	Prüfen, ob Datei (File) vorhanden	C	C
INT	Ganze Zahlen (Integer) erzeugen	N	N
LEN	Länge eines Zeichenstrings	N	C
LOG	Logarithmus	N	N

LOWER	Groß- in Kleinbuchstaben um- wandeln	C	C
MONTH	Monat des Jahres	N	D
PCOL	Druckerspaltenposition (Printer Column)	N	*
PROW	Druckerzeilenposition (Printer Row)	N	*
RECNO	Gegenwärtige Satznummer (Record Number)	N	*
ROUND	Aufrunden	N	N
ROW	Gegenwärtige Bildschirmzeilen- position	N	*
SPACE	Erzeugt Leerstellen	C	N
SQRT	Quadratwurzel	N	N
STR	Numerische Daten in Zeichen um- wandeln	C	N
SUBSTR	Substring aus String herausziehen	C	C*
TIME	Systemzeit des Computers	C	
TRIM	Entfernt nachfolgende Leerzeichen	C	C
TYPE	Prüft Ausdruck auf Gültigkeit	C	C
UPPER	Klein- in Großbuchstaben um- wandeln	C	C
VAL	Zeichen in Numerische Daten um- wandeln	N	C
YEAR	Jahr	N	D

Hinweis: Ein * zeigt an, daß bei der entsprechenden Funktion keine Daten eingegeben werden können.

Die Funktionen sind in der folgenden Tabelle nach Funktionsweise gruppiert:

Funktionsweise	Name der Funktion	Beschreibung
Datum und Zeit	CDOW	Tag der Woche
	CTOD	Zeichen in Datum umwandeln
	CMONTH	Kalendermonat
	DATE	Systemdatum
	DAY	Tag des Monats
	DOW	Tag der Woche
	DTOC	Datum in Zeichen umwandeln
	MONTH	Monat des Jahres
	TIME	Systemzeit
	YEAR	Jahr
Manipulation von Zeichen	&	Makro-Ersetzung
	AT	Substring-Position im String ermitteln
	LOWER	Erzeugt Kleinbuchstaben
	SPACE	Erzeugt Leerstellen
	SUBSTR	Substring aus String herausziehen
	TRIM	Entfernt nachfolgende Leerzeichen
	UPPER	Erzeugt Großbuchstaben
Mathematisch	EXP	Exponent (e^X)
	INT	Ganze Zahlen erzeugen
	LOG	Logarithmus
	ROUND	Aufrunden
	SQRT	Quadratwurzel
Umwandlung	ASC	Zeichen in ASCII-Code
	CHR	ASCII-Code in Zeichen
	LOWER	Groß- in Kleinbuchstaben
	STR	Numerische Daten in Zeichen
	UPPER	Klein- in Großbuchstaben
	VAL	Zeichen in Numerische Daten

Besondere Tests	BOF	Anfang der Datei
	COL	Gegenwärtige Bildschirm-spaltenposition
	DELETED	Zur Löschung markierter Satz
	EOF	Ende der Datei
	FILE	Prüfen, ob Datei vorhanden
	LEN	Länge eines Zeichenstrings
	PCOL	Druckerspaltenposition
	PROW	Druckerzeilenposition
	RECNO	Gegenwärtige Satznummer
	ROW	Gegenwärtige Bildschirm-zeilenposition
	TYPE	Ausdruck auf Gültigkeit prüfen

Literatur

Ashton-Tate:	dBASE III-Benutzerhandbuch
Epson	FX-80, FX 100 Bedienungshandbuch
Martin, James:	Computer Data-Base Organisation Prentice Hall ISBN 0-13-165423-3
Microsoft:	Betriebssystem DOS-Handbuch
Wukasch:	Computer sind auch Menschen ISBN 3-481-39901-9

Sachwortverzeichnis

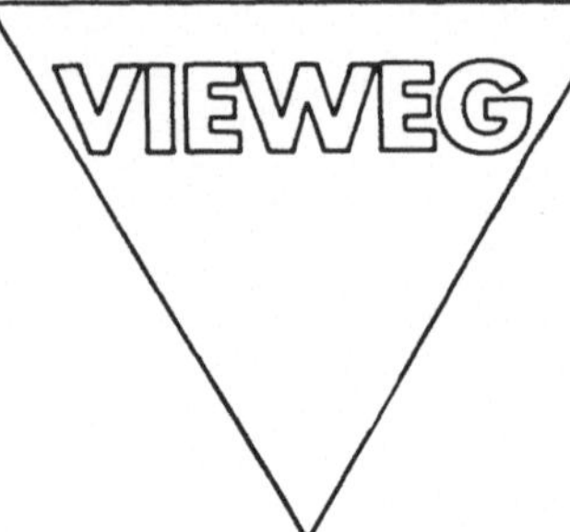

Regina B. Baumeister und Rolf B. Baumeister (Hrsg.)

Word Software Training

Bearbeitet von Sabine Dombrowski.

1986. X, 289 S. 16,2 x 22,9 cm. Kart.

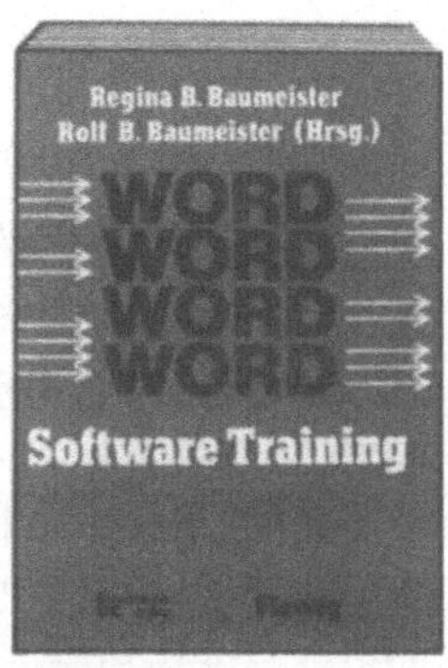

In Zusammenarbeit mit dem Baumeister Colleg stellt der Verlag Vieweg die Softwarepakete Multiplan, Chart und Projekt in Form eines Softwaretrainings in Buchform einem weiten Leserkreis vor.

Entstanden aus dem praktischen Einsatz und aus anwendungsorientierten Seminaren zeigen diese Lehrbücher den effektiven Gebrauch der Softwarepakete der Firma Microsoft. Es wird erfolgreich Hilfestellung beim Erlernen der zum effektiven Einsatz benötigten Funktionen gegeben.

Das zweite Buch, das aus dieser Zusammenarbeit Microsoft-Baumeister-Vieweg entstanden ist, liegt jetzt mit Word Software Training vor.

Es richtet sich an alle Anwender, die sich die Funktionen von Word erarbeiten wollen und damit Zugang zu einem leistungsstarken Textverarbeitungsprogramm erhalten, mit dem sie ihre Texte vom Einzelbrief bis zum Serienbrief individuell gestalten können.

Arbeitet der Anwender das gut aufgebaute und didaktisch durchdachte Buch interessiert durch, wird er am Ende mit den Word-Funktionen soweit vertraut sein, daß er alle anfallenden Textverarbeitungen selbst problemlos vornehmen kann.

5 1/4"-Diskette zum Buch „Word Software Training":
für den IBM PC und kompatible Computer unter MS-DOS-Version 2.0 (mit WORD ab Version 2.0).